本书系中共永嘉县委宣传部"永嘉耕读文化资源的保护和利用"课题组、温州市"新时代温州道德文化建设创新研究"重点创新团队与温州市哲学社科规划课题"温州传统道德文化资源及其转化发展研究"（18WSK092）的研究成果，并承蒙温州大学"马克思主义理论"浙江省一流学科和温州大学人文社科处资助出版。

永嘉耕读文化资源的保护和利用

孙武安 蒯正明 孙邦金 ◎著

中国社会科学出版社

图书在版编目（CIP）数据

永嘉耕读文化资源的保护和利用/孙武安等著．—北京：中国社会科学出版社，2019.9
ISBN 978-7-5203-5085-3

Ⅰ.①永… Ⅱ.①孙… Ⅲ.①传统农业—文化研究—永嘉县 Ⅳ.①F329.3

中国版本图书馆 CIP 数据核字（2019）第 204008 号

出 版 人	赵剑英
责任编辑	张　林
特约编辑	宗彦辉
责任校对	杨　林
责任印制	戴　宽

出　版	中国社会科学出版社
社　址	北京鼓楼西大街甲 158 号
邮　编	100720
网　址	http://www.csspw.cn
发 行 部	010-84083685
门 市 部	010-84029450
经　销	新华书店及其他书店
印　刷	北京明恒达印务有限公司
装　订	廊坊市广阳区广增装订厂
版　次	2019 年 9 月第 1 版
印　次	2019 年 9 月第 1 次印刷
开　本	710×1000　1/16
印　张	13.5
字　数	173 千字
定　价	69.00 元

凡购买中国社会科学出版社图书，如有质量问题请与本社营销中心联系调换
电话：010-84083683
版权所有　侵权必究

楠溪江渔歌晚唱（叶新人 摄）

丽水街之春（王少敏 摄）

苍坡古村（蒯正明 摄）

美丽永嘉 耕读之乡（林宣平 摄）

春到楠溪狮子岩（叶新人 摄）

永嘉石桅岩冬景（谢文东 摄）

前　言

　　中华民族有着5000多年的优秀历史和灿烂文化，而且中华文明从远古一直发展到今天。为什么中华民族能够在几千年的历史长河中顽强生存和不断发展呢？很重要的一个原因，是我们民族有一脉相承的精神追求、精神特质、精神脉络。

　　今天，中华民族要继续前进，就必须根据时代条件，继承和弘扬我们的民族精神、我们民族的优秀文化，特别是包含其中的传统美德。

　　　　　　　　　　　　（《习近平谈治国理政》，外文出版社2014年版）

　　文化，不仅是当今中国，也是当今世界极为时尚的一个词，几乎无所不在、无所不用。常有人说，时尚的东西往往如过眼烟云，很难长久存续。但是，如果把"文化"也简单地归入时尚行列，恐怕会激起很多人的反对。什么是文化？古今中外，不同的学者有不同的回答。[①] 但人们对于

---

　　① 关于"文化"的含义，不同的学科有不同的理解，其解读方式众多。有学者认为，文化是一切生命文明行为的代称，非人类所独有，应以更开放和更宽容的态度解读文化。但多数学者认为，文化乃人类所特有，其广义是指人类在社会实践中所创造的物质财富和精神财富的总和；其狭义是指人类在一定的物质生产方式基础上发生和发展起来的社会精神生活形式的总和，或者主张文化是相对于政治、经济而言的人类全部精神活动及其产品。本书以多数学者的看法为参照，着重从广义的角度使用"文化"这个概念。

"文化"的意义及其价值的理解和认识,越来越清晰、越来越准确了。如果说文化是人类社会发展过程中所特有的产物,那么,人类历史从哪里开始,文化便从哪里发生。相对于历史和传统,当代人总是更加关注现实和未来。但是,传统的力量或曰历史文化对现实和未来的影响和作用,不论我们承认与否,都非常之大。昨天是曾经的现实,今天是明天的历史,现实只能从历史走来。没有历史就没有现实,也没有未来。文化与人类社会的发展进步息息相关。古人所谓"观乎天文,以察时变。观乎人文,以化成天下"(《周易》之《贲卦·象传》),"人文化成"不仅简要地注解了文化的基本含义,同时也清晰地描述了文化的主要功能。作为世界上唯一一个拥有五千年续而不断悠久历史的文明古国,中国拥有博大精深和丰富多彩的传统文化,悠长灿烂而连绵不绝的中华优秀传统文化是数千年来中华民族多彩生活及生存方式的充分体现,也是中华民族自强不息、不断探索奋斗、开拓创新的真实写照,它不仅凝结成了中华民族的伟大精神,也成为人类文明进步历史与文化的重要组成部分。

历史表明,文化是民族生存和发展的重要力量。以马克思主义科学理论为指导的中国共产党历来高度重视历史文化和传统,强调吸收继承,进而发展创新。习近平总书记讲得好:"今天,中华民族要继续前进,就必须根据时代条件,继承和弘扬我们的民族精神、我们民族的优秀文化,特别是包含其中的传统美德。"[1] 2017年党的十九大报告重申,文化是国家和民族的灵魂,强调文化兴国运兴,文化强民族强。论及新时代中国共产党的历史使命,报告明确指出,"没有高度的文化自信,没有文化的繁荣兴盛,就没有中华民族伟大复兴"[2]。我们今天讲"文化自信",所指的就

---

[1] 《习近平谈治国理政》,外文出版社2014年版,第181页。
[2] 习近平:《决胜全面建成小康社会,夺取新时代中国特色社会主义伟大胜利》,人民出版社2017年版,第40—41页。

是从几千年历史文化中发展而来的中国特色社会主义文化。毋庸置疑，发展中的中国特色社会主义文化，不仅要立足现实、面向未来、面向世界、面向现代化，还要坚守中华文化立场，吸收、传承和弘扬中华优秀传统文化。耕读文化就是对中华优秀传统文化的一种基本概括和表达。

一　研究耕读文化的意义

中国耕读文化，堪称中华优秀传统文化之根，它是在中华农业文明的基础上逐步产生和发展起来的，既是先民"晴耕雨读"生产生活状态的真实反映，也是中华民族勤劳勇敢、追求文明进步的智慧结晶。"五千年的中华文明从泥土中生长出来，泥土生长粮食，也生长着东方智慧。"[1] "不同于海洋文明和游牧文明，中国人只有拥有了田园，才会拥有对于和谐和宁静的追求。田园耕读是中国人修身养性的母体，是抚慰心灵的终极故乡。"耕读，是"阅读中国人的精神符号，从中可以发现中华道统的衍生和衰落。上古的人，行而论道，既通过师承制传承、明了道之体，又通过回归自然走进田园，躬耕陇亩体认了道之用，使中华文明持续发出光华"[2]。神农氏教导人们播种、收获，从而开创了农耕时代的先声。尧帝"其仁如天，其知如神，就之如日，望之如云"。其间，测四时、定历法，为百姓颁授农耕时令，使天下生民劳作生产得以有序。日出而作，日入而息。凿井而饮，耕田而食。天下大和，百姓安居。华夏民族的农耕文化从此繁茂发展。尧禅让舜之佳话，正是因为尧帝发现舜在田野日常耕作之时所表现出来的明事理、晓大义的德行和智慧，才主动禅让舜代其行天下之政。

如果说耕读之于尧舜是德，于老子便是道。老子自耕而食，自织而

---

[1] 张剑峰主编：《问道·田园耕读》，陕西师范大学出版社2015年版，第2页。
[2] 同上书，第2—4页。

衣，清澹退静，洞晓天地智慧。先贤圣哲们耕种在这片广袤的土地上，他们读的是刻在石头上、写在树叶上的文字，读的是天地自然日月星辰之书。伏羲推演出河图、大禹治水现洛书、文王演《周易》、老子著《道德经》、孔子编《诗经》①……这些无疑都是古人从天地自然及劳作生产之中逐步领悟到的智慧和成果。黄卷幽深，汗青浩瀚，后世之书源源不断，灿若星辰，但无不出其源流。"内圣外王之道，进退之间，中国人正是通过一片田园来承载和展开，体验并书写，进而传承。""夫若修身立命，一锄之耕，当知事在躬行。一卷之读，当知物在善察。"②

显然，耕，可指耕种、蚕桑、养鱼、酿酒、养猪羊牛等一切农家生产劳动，是人们获取食物以求存活的基本手段；读，可指读书写字、著书立说等一切治学活动，进而包括对主客观世界的观察思考，直至对人自身的修养和提高。中国古代知识分子为"耕读"赋予了谋生、修身、立命、养德的意义，"耕读传家""耕读人生"由知识分子提出和倡导，却已深入人心，成为广大民众普遍接受和认可的一种人生理想和价值追求。耕，外可耕种田地，事稼穑以自给自足；内可耕自身之心田，打磨心性，知行合一；读，有形可读圣贤之书，无形可读天地自然、万物之书。云石烟霞、星辰日月、山河草木……无不可为书。子曰："书不尽言，言不尽意。"哪里才能"尽言""尽意"呢？只有在天地万物、自然造化之中去寻找，去

---

① 如何看以"耕"为主的农业生产劳动，有学者认为，孔子把学稼学圃视为小人的事，称"君子谋道不谋食，耕也，馁在其中矣；学也，禄在其中矣"；孟子也主张劳心劳力分开，所谓"劳心者治人，劳力者治于人"。反对者讥刺孔子四体不勤、五谷不分。战国时农学家、思想家许行便主张"贤者与民并耕而食"。有研究者称，后世逐渐形成两种传统：一种标榜"书香门第""学而优则仕"，所谓"万般皆下品，唯有读书高"，轻视农业生产劳动，是儒家学说的传统；一种提倡"耕读传家"，以耕读为荣。南北朝以后多有耕读结合的劝导，如南北朝时期著名教育家、文学家颜之推在《颜氏家训》（被称为中国第一部内容丰富的家训）中提出"要当稼穑而食，桑麻以衣"；明末清初理学家、农学家张履祥在《训子语》里说"读而废耕，饥寒交至；耕而废读，礼仪遂亡"。

② 张剑峰主编：《问道·田园耕读》，陕西师范大学出版社2015年版，第8、4页。

体悟。天地之间就是一个大田园,万物无不可耕,无不可读。所谓耕者致力忘其犁,读者会意忘其卷,便是耕读于天地自然之间。修身、立命、养德,既要读有形之书,更要读无形之书。[①]数千年来,先人正是通过躬耕陇亩进而耕作心田的。人品如精金良玉,心田比仙露明珠,成为中国人劳作生存、修身养德的最高追求和最高境界。

在历史的脚步跨入21世纪的今天,工业文明、商业文明、城市社会、全球化、市场化、现代化、电子信息化的浪潮以不可阻挡之势,席卷而来。在这场汹涌澎湃的历史大潮中,中国虽然是后来者,却正积蓄并迸发出无与伦比的强大能量,快速成长为时代潮流的推动者和引领者。在这个传统文明与现代文明激烈碰撞并迅速转化的时代背景下,延续数千年的耕读文化还能不能继续存活?考察、研究和讨论耕读文化及其资源有何意义?耕读文化资源在全面建成小康社会、实现社会主义现代化、复兴中华民族的历史伟业中有没有价值,有什么价值?中国特色社会主义先进文化如何借鉴吸收几千年历史孕育出来的耕读文化资源?在现代文明进程中,耕读文化资源将以何种方式发挥何种作用呢?

站在历史发展的高度看,这些问题关系中华民族的历史、现实和未来。正如习近平总书记所言:"博大精深的中华优秀传统文化是我们在世界文化激荡中站稳脚跟的根基。"在全面改革开放的条件下,要引导人们更加全面客观地认识当代中国,才能全面客观地看待外部世界。习近平强调,要讲清楚我们国家和民族的历史传统、文化积淀、基本国情的不同,才能理解当代中国的发展道路必然有着自己的特色;讲清楚中华文化积淀着中华民族最深沉的精神追求,是中华民族生生不息、发展壮大的丰厚滋养;讲清楚中华优秀传统文化是中华民族的突出优势,是我们最深厚的文

---

① 参见张剑峰主编《问道·田园耕读》,陕西师范大学出版社2015年版,第9—10页。

化软实力。只有这样，才能讲清楚中国特色社会主义如何植根于中华文化沃土、反映中国人民意愿、适应中国和时代发展进步的要求，有着深厚的历史渊源和广泛的现实基础。①

二 千年古县、耕读之乡——永嘉

本书以中国耕读之乡——浙江省温州市永嘉县为例，拟对耕读文化资源及其当代价值和保护利用问题，作些尝试性的考察和研究。

永嘉，这个名字或许人们并不陌生，但在中国地图上却不是一个很容易找到的地方。其地理位置距离中国经济政治文化中心可谓偏远。永嘉县，地处中国浙江省东南部，瓯江下游之北岸，与温州市区隔江相望，现有面积2674.3平方千米。永嘉县属中国东南沿海丘陵地形区，境内山地丘陵面积达到86.32%，平原仅占全县面积的9.91%，河流湖泊占全县面积的3.77%。境内海拔1000米以上的山峰有123座，地势自北向南倾斜，随着括苍山脉、北雁荡山脉的延伸，形成楠溪江、西溪、菇溪、乌牛溪四大水系。大小溪流百余条，楠溪江最大，干流长139.8千米，流域面积2489.97平方千米（包括县境外212.3平方千米），向南向东注入瓯江。流域境内水秀、岩奇、瀑多、村古、滩林美。1988年被国务院列为第二批国家重点风景名胜区，包括楠溪江及沿江大若岩景区、石桅岩景区、北坑景区、农村文化景区等800多个景点，其中价值较高，被列为一、二级景点的达70多个。永嘉，山水奇丽，风烟俱净，环境优美，气候宜人。毋庸置疑，这是先民较早选择此地休养、生息、开发的重要条件。

今日永嘉，是一个名副其实的"千年古县"。② 大量史前文化遗址及其

---

① 参见《习近平谈治国理政》，外文出版社2014年版，第155—156页。
② 2006年9月，经国家民政部、中国地名标准化委员会、中国地名学会联合发起的中国地名文化遗产保护工程——"千年古县"工程专家组严格评审和论证，永嘉县正式入选为中国千年古县。

出土文物表明，早在新石器时代晚期就有先民在这里生息繁衍，已经发现的五千年文明历史的印迹至少有五处。夏、商、周时为瓯地，春秋时属越国，战国时入楚。汉初，越王勾践后裔驺摇佐汉有功，汉惠帝三年（前192）封其为东海王，俗称东瓯王，建都东瓯（今永嘉县境内）。东瓯国所辖地域约为今温州、丽水、台州三地范围。① 汉顺帝永和三年（138，一作汉顺帝永建四年），析章安县东瓯乡置永宁县，县治设在贤宰乡（今瓯北城市新区境内）。永宁县兼有今温州市、丽水市两地，属扬州会稽郡。三国时，析永宁县大罗山以南地置罗阳县，当时永宁县地仅包含今乐清市、永嘉县、鹿城区、瓯海区、龙湾区之地。

"永嘉"作为郡名自公元323年始。东晋明帝太宁元年，析临海郡南部永宁、安固、松阳、横阳四县置永嘉郡，永宁县属永嘉郡。永嘉，意为"水长而美"。郭璞卜筑郡城，郡治设城中，永宁县治亦随之从瓯江下游北岸迁入城中。孝武帝宁康二年（374），析永宁县地置乐县（永宁县境与今永嘉县、鹿城区、瓯海区、龙湾区同）。

"永嘉"作为县名自公元589年始。隋文帝开皇九年，改永宁县为永嘉县，撤安固、横阳、乐成入永嘉，当时永嘉兼有今永嘉县、乐清市、瑞安市、平阳县、苍南县、文成县、泰顺县、洞头区、鹿城区、龙湾区、瓯海区等二市、五县、四区之地。县治在今温州市鹿城区，县沿郡名，属处州，郡治括苍。隋炀帝大业三年（607）改州为郡，恢复永嘉郡，郡统括苍、永嘉、松阳、临海四县，县境仍与文帝开皇九年同，属永嘉郡，永嘉郡治仍驻括苍。

"温州"得名于唐代，晚于永嘉，其与永嘉、永宁等名称多有交叉反复。唐高宗上元二年（675），析括州地永嘉、安固二县置温州，州治设永

---

① 参见郑秋文、胡方松主编《魅力永嘉》，中央文献出版社2011年版，第16页。

嘉县城区（今鹿城区），属温州，隶江南道都督府。玄宗天宝元年（742），改温州为永嘉郡，改刺史为太守，永嘉县属永嘉郡，县境未变。肃宗乾元元年（758），复为温州，永嘉县属温州，先后隶浙江东、西道。

唐之后，五代、北宋、南宋及元、明、清，温州行政军事区划虽有不同，但永嘉县名及辖地基本没有变动。明太祖洪武元年（1368）将温州路改为温州府，永嘉县属温州府，隶浙江行省。成祖永乐年间（1403—1424），布政使司下设道，永嘉县隶温处道。清世祖顺治三年（1646）七月，温州入清版图。清沿明制，永嘉县属温州府，隶浙江布政使司分巡温处道，县境无变。

民国元年（1912），实行省、县二级制，永嘉县直属浙江省。民国十六年（1927），南京国民政府成立，实行省、县二级制，隶浙江省政府，先后归浙江省第十县政督察区、第四特区、第三特区、永嘉行政督察区、第八行政督察区、第五行政督察区管辖。专员公署设永嘉县城（今鹿城区）。

1949年5月，永嘉县全境解放，瓯江以北地置双溪县，治设岩头镇，属浙江省人民政府第五区专员公署。8月，永嘉县城区及城郊、梧埏、永强、三溪、藤桥、西岸5个区划出设立温州市，直属浙江省人民政府。9月，双溪县复称永嘉县。此后，永嘉县辖区域多有调整，县政府也先后由枫林镇、罗浮龙桥、温州市九山，至1958年迁至今天的上塘镇。

到2013年年底，永嘉县县境东至乐清市，南至瓯江与鹿城、瓯海、龙湾三区为邻，西至青田县、缙云县，北至仙居县、黄岩区，先后归温州专员公署、温州地区行政公署（温州地区革命委员会）、温州市人民政府管辖，隶浙江省政府。永嘉县现有人口100多万，辖街道办事处7个、镇11个、乡4个。

从悠久曲折的历史演变可以看出，永嘉无论作为县还是郡，其建制时间均早于温州，而其行政区域面积在不同历史时期也有所不同，面积大时可囊括温州、临海等地。鉴于耕读文化产生发展于中国传统社会，我们所探究的永嘉耕读文化一方面要尽可能立足于今日永嘉2674.3平方千米的土地，另一方面也不可避免地要涉及"大永嘉"，人物、案例等资料信息，突破今日"小永嘉"不仅难免，也属必要。

三 耕读文化研究中的几个主要问题

地灵人杰，耕读鼎盛，永嘉无愧于"耕读文化的活化石"，永嘉耕读文化无愧中华农耕文明的缩影。与悠久灿烂的华夏历史一样，永嘉五千年的丰厚历史必然孕育辉煌的耕读文化，从而也为后人留下了极其宝贵的文化遗产和精神财富。为了充分发挥永嘉独特的山水及历史文化优势，全面助力永嘉县经济、政治、文化、社会和生态文明建设，助力永嘉建成高水平县强民富、城乡协调、文明和谐的小康社会，进而加快永嘉社会主义现代化建设步伐，多年来，永嘉历届县委、县政府都高度重视文化大县、文化强县的建设和发展。1988年楠溪江被国务院公布为第二批国家重点风景名胜区以来，县委、县政府持续不断投入大量人力和资金，深入挖掘历史文化底蕴，积极保护古村落旧遗址，建设特色文化小镇，完善旅游及基础设施，着力培育和打造独具特色的永嘉山水田园旅游度假品牌，扩大对外文化交流，努力打造世界文化遗产与自然遗产，这些重大举措不仅极大地促进了永嘉及楠溪江旅游业的迅速发展，也大大推进了永嘉经济社会各项事业的快速发展。近年来，在有关部门及文化界人士的辛勤耕耘下，挖掘整理研究永嘉传统历史文化的工作，已取得了丰硕的成果。有《楠溪江文化丛书》（其中包括《耕读楠溪》）、《品读楠溪》文化丛书、《魅力永嘉》《半担溪山半担书》，有《玄觉与永嘉禅宗》《叶适与永嘉学派》《谢灵运与永嘉山水》《永嘉四灵及其诗选》《永嘉昆剧与楠溪故事》《永嘉历史人物》《永嘉历代诗文选》《永嘉民间故事选》《永嘉民俗》《永嘉民歌民谣选》《温州族群与区域文化研究》《晚清温州儒家文化与地方社会》，还有硕士、博士研究生以"永嘉耕读文化产业开发对策研究""温州耕读文化的发展、传承与保护研究"为题撰写了论文。虽然上述成果未必冠名"耕读文化"，但从文化意义上讲，无论是永嘉学派、古村书院，还是山水诗词、昆剧南戏、金石书画、民歌民谣、民俗名产，抑或是神话传说，等等，无一不是先民在农业社会长期从事"耕读"生产生活的创造和结晶。从某种意义上说，农业社会中，人类的一切创造无不是"耕读文化"的产物。

梳理研究耕读历史文化及其资源，有几个问题值得反思。

其一，把耕读文化局限在古代少数知识分子的小圈子里。有的研究认为，耕读文化是由特定知识分子将"耕"与"读"有机结合而形成的特定文化模式，进而"影响了中国农学、中国科学、中国哲学，使知识分子思想接近人民，养成务实的作风"。这样就在很大程度上把耕读文化局限为中国古代知识分子所倡导的一种既读书又农耕的生活和休养方式，其研究重点便放在了中国古代之科举及文化教育方面。虽然他们也承认"耕"为生存之本，但更关注的是迁升之路的"读"及其成就。对于农业生产劳动着墨很少或者一笔带过，却要花很大的精力和篇幅历数历代文人墨客在科举制度下的成长和沉浮，如历史上产生了多少个状元、榜眼、探花、进士、举人、秀才，多少人通过科举入朝为官；或者某某才华横溢，却郁郁不得志而归隐山林，从事耕读生活；等等。很明显，这种认识是对耕读历史文化的严重误读。如前所述，耕读生活或许由知识分子、社会精英率先提出、倡导和实践，但实际上已为中国传统社会民众所普遍认可和接受，几乎所有家庭，只要有条件都会支持子孙后代去读书，以求改变个人乃至家庭和国家的命运。虽然大部分老百姓一生从事农耕生产活动，但他们对读书的意义并不否定。况且，耕读文化不仅包括读书为官从教从文等精神生产活动，还包括躬耕陇亩、养蚕植桑、养鱼、酿酒、修路、造房及畜养家畜家禽等农业、养殖业乃至手工业等传统社会的一切物质生产活动。可以说，中国数千年农业社会的历史就是"耕读的历史"。因此，探究耕读历史文化的视野不可局限在知识分子的小圈子里，忽视农业社会的物质生产及广大老百姓的生活及生存样式；而应站在整个农业社会的高度，从整体上去感知和认识耕与读对传统中国社会的主导和影响。有人可能以古代中国统治阶级的主流学说——儒学之创始人孔子轻视农业生产劳动为由，质疑耕读文化的社会影响力。其实，简单指责孔子轻视农业劳动并不合乎事实。孔子只是不提倡士人君子务农，因为在他看来，士人君子有更重要的事要做，那就是为国家治乱兴邦，弘道兴世。孔子主张以德政"庶民"，然后发展生产而"富之"，最后"教之"而化民成俗，进而使国泰民安、天下太平。显然，不能把孔子视为藐视农耕的代表。

其二，耕读文化资源有没有价值、如何保护和利用的问题。就学界研究成果看，普遍认为耕读文化及其资源在现代社会仍具有重要价值，而其价值和意义也表现在不同方面。至于如何保护利用，学界也提出了不少建议。有的学者提出，耕读文化是一种体力劳动与读书求知相结合的文化模式，其目的是弘扬仁爱精神，怡情养性，方法则是崇尚"读书荣身"，注重读书效果，而结果则是促进社会多元一体文化发展。有人认为，耕读文化实质上是指"农业文明加上以'明人伦'为主的学校教育"，其现实意义在于崇尚道德、协调万邦等。有学者提出，耕读文化是我国特有的乡村文化，即"中国古代农耕社会与士文化相结合的独特产物"，并且认为古村落的人聚空间布局是耕读文化的展现与外化。他们认为，永嘉学派是永嘉耕读文化传承的结晶，以叶适为代表的永嘉学派及其事功思想对现代温州人的精神具有深刻影响，奠定了温州地区自古以来的重商传统，在新形势下仍具有鲜活的时代价值，至于南戏、古村落、族谱与宗祠、古书院则是展现永嘉耕读文化的"根基所在"。有的学者认为,正是"耕读文化"所蕴含的环境意识和理想追求成就了永嘉一大批古村落。所以,保护永嘉耕读文化资源不能只停留在物质遗存上,更要关注与物质遗存相关的非物质文化遗产,如村民的思想观念、风俗习惯等。还有的学者进一步提出建立"耕读博物馆"的设想,强调"耕读博物馆"将会在保护、管理、利用馆藏文物,传播历史和科学知识,发展先进文化等方面起到非常重要的作用。有学者指出,耕读文化具有旅游休闲、建筑美学、历史文化及民俗宗教研究的价值,应健全管理机制、营造良好氛围,切实保护、合理开发耕读文化资源。也有学者比较注重个案调查与研究,比如全面考察芙蓉古村的祭祖仪式,研究宗族文化遗产,探究名人传说及其与耕读文化的关系,提出耕读文化是宗族文化的价值追求,而名人传说则进一步丰富了耕读文化的内涵。有的学者强调,基于耕读文化的宗族文化,对社会管理有积极有效的作用。

当今时代,工商业文明快速发展,现代化、全球化进程不断加快,城市的地位越来越突出,越来越重要;与此同时,农村农耕的地位和作用日益下降,大有被城镇社会和工商业文明代替之势。在城乡一体化的发展思路下,体现和反映耕读历史文化的古村落、旧书院、戏剧、族谱、宗祠、庙宇、教堂等,到底还有没有价值,有多少价值,要不要拆迁改造?永嘉耕读文化的特色是什么,保护利用的成本如何计算?如果保护永嘉农耕文化有价值有必要,将以何种方式保护和利用,唯有通过发展旅游、民宿、农家乐来创收吗?丰富的耕读文化资源能不能在育人等方面发挥更大的作用呢?

其三,要不要、能不能回归耕读生活的问题。中国文化书院三智道商国学院常务副院长、理事长高斌提出:"物欲横流,道德日丧是文明的悲哀,回归田园捧读诗书,寄情山水,穷通自然,古今智者莫不如此。心安茅屋稳，性定菜根香。无论世界怎样变化，懂得回归者，必厚德载物执大道而行。"① 张剑峰也在著作中多次表示，田园的失落实际是对于中国文化精神的遗忘，主张"寻觅最初的田园，以此归真达道"。他认为，回归田园就是回归心灵与精神的美好家园。② 此类回归耕读的主张，虽然与我们今天所倡导的绿色发展及人与自然和谐相处的理念有颇多相似之处，但是，我们不得不反思所谓"回归"，到底回归什么，能不能回归，如何回归。

其四，要不要把耕读文化提高到"耕读精神"的层面来认识。耕读文化，作为一种进步的、影响广泛而深远的文化，在某种意义上是主导并影响中国传统社会发展数千年的根深蒂固的文化，其内在动力是什么，文化积淀是什么？换句话说，支撑和维系耕读文化不断发展的精神力量是什么，价值追求是什么？这不仅是解读耕读文化为何持久存活的一把钥匙，也是当今时代挖掘传统文化遗产、继承民族伟大精神、培育社会主义核心价值观、创新和发展社会主义先进文化的根本要求。那么，如何认识和把握耕读文化所内含的"耕读精神"呢？学者尽可站在不同的角度作出不同的解读，但我们认为，"耕读精神"至少包含勤劳敬业谋生存、好学乐读重修身、宁静致远立大志、求真务实建事功、齐家治国平天下、艰苦奋斗知廉耻、和谐友善达礼治等基本要素。这些要素不仅是中华民族几千年来世世代代的精神追求，同时也是颇具时代意义和价值的民族精神。亦耕亦读，耕读共进的"耕读精神"既是中华民族繁衍生息的优秀传统，也是中华民族在新的历史条件下发展壮大的丰厚滋养。

其五，耕读文化的存续和发展问题。在一般人看来，耕读文化是传统农业社会的产物，今天已不合时宜，只能视其为古董文物，看一看、玩一

---

① 参见张剑峰主编《问道·田园耕读》，陕西师范大学出版社2015年版，封底。
② 同上书，第4页。

玩，欣赏一下而已。有著述一方面赞誉"耕读文化是永嘉文化这棵大树的根"，另一方面又说永嘉耕读文化"植根于科举制度"。据此逻辑推论，科举制度被废止后，耕读文化如何存活呢？耕读文化的"根"都被挖除或切断了，耕读文化、永嘉文化何以存续和发展？这不是什么文字游戏，而是如何用辩证和历史唯物主义的方法认识文化与社会发展的重大问题。历史的发展不是孤立的，也不是断裂的，而是在继承中持续发展的。农业社会耕读文化的发展是工业社会工商企业文化产生发展的前提、基础和先声，工商企业文化不仅继承了前者，而且保留着耕读文化的某些基因。工商企业无论如何发展，也不可能代替和消灭农业，工商企业文化也不能代替和消灭耕读文化。

从继承发展的角度来看，近代以来，特别是改革开放以来，永嘉民营企业迅速崛起，工商企业文化随之空前繁荣，而其艰苦创业、创新发展、注重商道商德、敬业乐群、富而不奢、兼济天下、亦商亦文、文商相融共进的"工商企业精神"，其背后脉动的正是肇始于中国传统社会的耕读文化和耕读精神，它脱胎于传统，又彰显出鲜明的时代精神。因此，应当看到：一方面，农业社会的耕读文化虽然不再作为主流主导，但依旧存在也必须存在；另一方面，工商企业文化虽然已经成为主流和主导，但其前身不仅是耕读文化，而且工商企业精神与耕读精神也是相连相通的。换句话说，现代工商企业文化是传统耕读文化的延续和发展，也可称其为耕读文化的"新生"。

课题组本着梳理永嘉耕读文化资源、挖掘精华、展示魅力，同时分析总结保护和利用耕读文化资源的主要经验和问题，并在此基础上尽可能提出一些改进思路和建议，以求为永嘉文化建设和发展贡献绵薄之力。课题组在永嘉县委宣传部领导及有关部门的大力支持下，深入实地调研、广泛采集资料、认真阅读文献，同时虚心听取各方意见，反复讨论斟酌，重点对以下问题进行了探讨：一是以中国耕读历史文化为背景，明确耕读文化的基本内涵和主要功能；二是梳理永嘉耕读文化传统的产生、发展、衰落、转型和再生；三是对永嘉耕读文化资源进行分类研究，并探究其基本特点和特征；四是分析永嘉耕读文化资源的经济生态价值及基本价值理念等；五是考察国内其他地区保护利用耕读文化资源的基本经验；六是针对永嘉耕读文化资源现状，就进一步保护利用和开发提出建议，为把永嘉进一步打造成为名副其实的"中国耕读文化之乡"提供智力支持。

目 录

第一章 耕读文化的基本内涵与功能 ⋯⋯⋯⋯⋯⋯⋯⋯⋯⋯⋯⋯⋯ 1

    一 耕读文化的基本内涵 ⋯⋯⋯⋯⋯⋯⋯⋯⋯⋯⋯⋯⋯⋯⋯⋯ 2

    二 耕读文化的基本功能 ⋯⋯⋯⋯⋯⋯⋯⋯⋯⋯⋯⋯⋯⋯⋯⋯ 8

    三 耕读中国与"记得住乡愁" ⋯⋯⋯⋯⋯⋯⋯⋯⋯⋯⋯⋯⋯ 13

第二章 永嘉耕读文化传统的发生和形成 ⋯⋯⋯⋯⋯⋯⋯⋯⋯⋯ 19

    一 汉魏南北朝时期永嘉耕读文化氛围初具雏形 ⋯⋯⋯⋯⋯⋯ 20

    二 隋唐五代时期永嘉耕读文化氛围基本形成 ⋯⋯⋯⋯⋯⋯⋯ 27

第三章 永嘉耕读文化传统的成熟和转型 ⋯⋯⋯⋯⋯⋯⋯⋯⋯⋯ 32

    一 宋元时期永嘉耕读文化繁荣发展 ⋯⋯⋯⋯⋯⋯⋯⋯⋯⋯⋯ 32

    二 明清以后永嘉耕读文化的衰落、转型与再生 ⋯⋯⋯⋯⋯⋯ 50

第四章　永嘉耕读文化资源的分类及特征 ········· 57

  一　识别耕读文化资源的基本方法 ················ 58

  二　永嘉耕读文化资源的具体分类 ················ 61

  三　永嘉耕读文化的基本特征 ···················· 67

第五章　永嘉耕读文化资源的空间营造与时间规制 ········· 76

  一　庭院里的耕读之家 ························ 77

  二　永嘉耕读村落的文化性格 ···················· 79

  三　永嘉耕读文化中的地方社会共同体 ·············· 81

  四　楠溪江流域耕读文化的整体性 ················ 82

  五　耕读文化的时间节律及其地方性 ··············· 84

第六章　学校教育对永嘉耕读文化的影响 ········· 88

  一　永嘉学校教育的历史回顾 ···················· 89

  二　清代永嘉书院对地方耕读文化的影响 ············ 90

  三　清代永嘉文成会与社会公募教育基金的创立和发展 ··· 99

  四　同乡会馆组织及其科举教育功能 ··············· 103

第七章　永嘉耕读文化资源的经济生态价值 ········· 106

  一　永嘉耕读文化资源的经济旅游价值 ·············· 107

  二　永嘉耕读文化传统与现代企业文化 ·············· 111

  三　永嘉耕读文化资源与美丽乡村建设 ·············· 114

第八章　永嘉耕读文化传统的核心价值理念 …… 120

　　一　勤劳敬业的生存理念 …… 121

　　二　好学乐读的品质人生 …… 122

　　三　立德事功的人格修养 …… 130

　　四　友善文明的社会风尚 …… 131

第九章　永嘉耕读文化资源的典型样本 …… 136

　　一　芙蓉古村：土木砖石文武越千年 …… 138

　　二　岩头古村：耕读商贸相得更益彰 …… 141

　　三　苍坡古村：文房四宝风韵依旧存 …… 144

　　四　林坑古村：山地民居天人终合一 …… 146

　　五　文学文艺作品：耕读文化的生动体现 …… 151

第十章　耕读文化资源保护利用的他山之石 …… 157

　　一　福建土楼：耕读文化资源保护利用的典范 …… 157

　　二　和顺古镇：中国十大魅力名镇之首 …… 161

　　三　粤海名村：塱头古村的耕读文化 …… 165

第十一章　把永嘉打造成为"中国耕读文化之乡" …… 168

　　一　打造品牌：做好耕读文化资源保护利用的总体规划 …… 171

　　二　建立健全耕读文化资源保护利用工作机制 …… 173

　　三　提升对耕读文化资源的保护和传承能力 …… 176

四　加大文化旅游宣传力度，提高品牌知名度…………… 178

五　加快美丽乡村建设步伐……………………………… 180

六　发挥耕读文化资源的育人功能……………………… 185

参考文献…………………………………………………… 187

后　记……………………………………………………… 191

第一章　耕读文化的基本内涵与功能

中华文化源远流长，积淀着中华民族最深沉的精神追求，代表着中华民族独特的精神标志，为中华民族生生不息、发展壮大提供了丰厚滋养。

（《习近平谈治国理政》，外文出版社 2014 年版）

农村是我国传统文明的发源地，乡土文化的根不能断，农村不能成为荒芜的农村、留守的农村、记忆中的故园。

（中央农村工作会议文件，2013 年 12 月）

中国过去拥有世界上耕作水平最高的农业文明，养育了极为繁庶的农业人口，也造就了极为丰富多元的农耕文化景观。农田沟洫阡陌，小桥流水人家，仍旧在无言地诉说着中华农耕文明的前世今生。半耕半读，亦耕亦读，耕读传家，业已成为国人的一种生产方式、生活方式和审美意境，成为深深扎根于中国文化不可磨灭的基因。不过，也许是习惯成自然，学界似乎尚比较缺少对耕读文化的内涵、功能与意义的总结和反思。即便是从农业社会向现代工商业社会快速转型的当下中国，人们对于绵延千年的耕读文化的理解也是仁者见仁，智者见智，尤其是对于耕读文化传统的现代价值还需要进一步凝聚共识，提高传统文化创造性转化和创新性发展的历史自觉性。本章将就耕读文化的内涵、功能与现代价值展开论述。

一 耕读文化的基本内涵

耕读文化，顾名思义，就是既耕田又读书的文化。中国古代耕读文化传统源远流长，包罗万象，它作为中国传统农业乡土社会中一边耕作一边读书的生产、生活方式和精神样态，有着极其丰富的内涵。我们具体可以从物质资料再生产方式、社会再生产方式、生活方式与文明形态等多个层面来理解其内涵。

第一个层面，耕读文化首先是指一种以农业耕种为主要经济来源或经济基础的物质资料生产方式。耕读文化的前提是农耕生产，具备了一定的经济基础才谈得上读书出仕、诗礼传家。人类社会历经长期的茹毛饮血、居无定所的原始狩猎和游牧时代，之后逐渐掌握了刀耕火种的农业耕作技术，开启了饱暖有节、居有定所的新时代。中国古代农业发育很早，生产耕作水平闻名世界，奠定了中国社会延续发展的物质基础。自秦汉以来，中国社会长期以人力、畜力和为数不多的机械力（如水车、水碓、风车等）为主要生产动力，垦殖拓荒，养育了繁庶的炎黄子孙。可是在古代生产力非常低下的条件下，即便起早贪黑、非常勤奋，也还是要经年累月地看天吃饭、为温饱而奋斗。人们时常感觉到天不遂人愿、力不从心，这样难免养成顺从自然、自给自足甚至听天由命的乐观心态。而农业生产的最关键条件是要有可耕作的良田，土地作为农业时代最主要的生产资料，是农民的命根子，生于斯、长于斯亦终于斯，搬不动、挪不走，这就造就了农业文明安土重迁的安稳心态。可以说，中国人传统的重自然、重土地、重农业的经济伦理，反对游手好闲甚至坐商行贾的职业偏好，与长期农业生产过程中自然而然形成的乐观、安稳、知命心态有着直接关系。当人们只有从农业生产中才能获得衣、食等基本生存资料时，农业耕作毫无疑问会成为国民经济的命脉，亦成为人们生产生活的中心场域。离开了农耕生产及其环境这一物质条件，耕读文化就无从谈起。

第二个层面，耕读文化是指半耕半读、亦耕亦读、耕读良性循环的社会再生产方式。中国社会自秦汉以来，尤其是隋唐以后，随着农业生产力的缓慢发展，形成并长期维持了地主所有—佃农租种（以及少量自耕农）相耦合的二元土地经营结构，以及皇权世袭—官僚考选两者结合、有限开放的社会政治结构，形成了一整套以农耕生产为经济基础的农业社会样态。在此样态之中，社会分工和职业分层日渐细化，士、农、工、商的阶层结构日渐显豁并且相对固化。要想跨越阶层间的差距向上流动，是需要多种能力综合运用的。最原始的社会竞争当然是一种以追求最低生活、生产资料为主要内容的生存竞争，更进一步的社会竞争主要表现为积累财富资本的经济竞争，难度最大的则是精神文化层面的积累和竞争。"十年树木，百年树人"，说的就是这个道理。自原始社会残酷的生存竞争以来，人类社会的竞争越来越体现为经济资本、政治资本、文化资本和社会资本聚集在一起的综合实力的比拼。传统耕读文化中的农耕成分可以视为经济资本的积累，而读书则可以视为一种文化资本的积累。其中，由于"学而优则仕"的官僚科举制度设计，文化资本积累到一定程度可以实现经济、政治和社会资本的连带积累，从而在社会竞争中以综合实力取胜，在社会分层流动过程中争得上游。孔子说"耕也，馁在其中矣；学也，禄在其中矣"（《论语·卫灵公》），孟子说"治于人者食人，治人者食于人"（《孟子·滕文公上》），其实都旨在阐明由于社会分工不同所导致的阶级差别现象。在封建等级社会之中，人们普遍相信"万般皆下品，唯有读书高""书中自有黄金屋""书中自有颜如玉"，也就是出于这个原因。单纯的读书人、耕田人可能没有多少财富，但是两者只要能够有机结合成为"官绅"阶层之一员，出而为官，退而为绅，就可以赢得尊重，占尽优势。即便是工商巨富，也得让他三分。从这个角度看，中国传统耕读文化可以解读成农业社会中向上流动的一种最优资本组合方式，一种可以实现资本良性循环的社会再生产方式。当然，经济生产是社会进步的物质基础，而农业生产力和生产关系如果没有长足的进步或者革命性的突破，中国经济、政治和社会的超稳定结构及其社会再生产方式是很难改变的。随着社会生产力历经工业化和信息化的革命性飞跃，后工业化时代的社会再生产方式已经今非昔比。不仅相对笼统单一的农业分工已经变得更为精细和多元，而且农业生产在国民经济结构中的重要性也已经大不如前。正所谓"三百六十行，行行出状元"，现在人们已经不必先从事农耕生产，才能有条件读书出仕，才能功成名就，才能在社会上向上流动成为精英阶层的一分子了。

第三个层面，耕读文化是指一种令人向往的亦耕亦读的生活方式、文化传统和文明形态。这是被大多数学者所认同的定义，例如，林亦修认为，耕读文化即是"以儒家思想为核心、农业生产为基础、出仕为目的的士绅文化"[1]。这个定义将耕读文化视为一种士绅文化大致是不错的，但是，唐宋以后存在一个"斯文的转型"[2]，文化教育开始不断下移普及，不断平民化、世俗化，此时将耕读文化限定在精英文化范畴内无疑是过于狭隘了。耕读文化不仅在士绅阶层形成以前就已经存在，而且在士绅阶层之外的人们生活中也有体现。因此，它是中国农业社会的一种最为习见的生活方式和文化传统，并不是士绅阶层专有的文化。我们只能说耕读文化造就了一个士绅阶层及其精英文化，或者说士绅阶层造就了耕读文化，但是士绅文化并不足以包罗耕读文化。

---

[1] 林亦修：《温州族群与区域文化研究》，上海三联书店2009年版，第256页。
[2] 参见［美］包弼德《斯文——唐宋思想的转型》，刘宁译，江苏人民出版社2001年版。

耕读文化传统之所以在中国历来备受推崇，原因是多方面的。

首先是解决温饱的需要。无论是上面讲的物质资料再生产还是社会再生产，经济因素都是首先要考虑的。孔子要求"富而教之"，管子说"仓廪实而知礼节，衣食足而知荣辱"（《管子·牧民》），都是在强调解决温饱问题的重要性。相对于精神生产与生活，物质生产与生活通常是要优先考虑的。虽然《论语·卫灵公》中有云："君子谋道不谋食。耕也，馁在其中矣。学也，禄在其中矣。君子忧道不忧贫。"看似重读书轻农耕，但孔子这段话并不能当作儒家轻视农耕生活的证据。夫子自道"吾少也贱，故多能鄙事"，对于贫穷所致的人道困境有着深切感受，因此他其实很强调物质生产的重要性。正所谓"富而可求也，虽执鞭之士，吾亦为之。如不可求，则从吾所好"（《论语·述而》），从中可见儒家以农为本的思想传统一直非常深厚，孔子对于耕与读的比较只是向门生们描述一个社会分工的事实而已。无论在春秋战国时代还是后来的封建郡县时期，读书做官作为一种职业选择，其收入水平和社会地位都要明显高于务农这个职业。后来，亚圣孟子将孔子的这个社会分工思想说得更为清楚。如果社会可以分为"劳心者"（读书人阶层）与"劳力者"两大阶层，由于劳心阶层竞争的要求更高，那么分层的结果必然是"劳心者治人，劳力者治于人；治于人者食人，治人者食于人"（《孟子·滕文公上》）。孟子认为这是"天下之通义也"，将其上升为一种普遍通行的社会法则，对此个人的主观意志是无法改变的，能做的就是积极适应这种法则。相对于农耕生产而言，读书做官更多的是精神性和制度性生产，是一门更为复杂的技艺，不仅对于个人的先天素质要求更高，而且后天还需要投入更多的时间、精力乃至金钱成本进行训练。但人们都自觉或不自觉地看出来，读书从长远来看，其回报要更大亦更为持久，而且可以通过代际传递、积累而继续保持竞争优势。这是千百年来大多数中国人重视读书和教育的最简单也最直接的动机。

其次是休养身心的需要。除了经济因素考虑之外，耕读文化更是一种要求身心兼修之学。孔子说"行有余力，则以学文"，指出人们在工作谋生之余也不能忘记学习知识，提升文化修养。其实，高水平的物质生活本身恐怕并不是人类的终极目的，经济因素更多体现的是手段和工具性价值，文化素养和精神追求才是实现人类自由全面发展的更为根本的要素。单纯的农耕生活仅能满足人们的物质需求，却很难满足人们的精神生活需求，而读书修文正好可以弥补这一点。如果说耕读文化就是中国传统农业社会的"两手抓，两手都要硬"——物质文明与精神文明共同协调发展的制度性安排，当非过论。儒家文化传统从来就不仅仅是开物成务的经世致用之学，更是成人成圣的立德修身之学。"仁者，人也"，没有伦理道德的提升，人与动物又有何区别呢？正因为对于伦理道德的极端重视，中国传统社会才被认为是一个"伦理本位"的社会。颜之推的《颜氏家训》、吕大临的《蓝田吕氏乡约》、朱熹的《朱子家训》、朱伯庐的《治家格言》等乡村与家庭治理经典中，无一不浸透着对于文化教养的极端重视。清初张履祥《训子语》中有云"读而废耕，饥寒交至；耕而废读，礼仪遂亡"，物质与精神必须兼顾，不可或缺。纪晓岚有一对联"一等人忠臣孝子，两件事读书耕田"，说了同样的意思。到了晚清，名臣曾国藩亦说过"有子孙，有田园，家风半耕半读，但以箕裘承祖泽；无官守，无言责，世事不闻不问，且将艰巨付儿曹"，对于耕读传家、莫问功名的家风寄予了厚望。事实上，曾氏家族后来深耕乡土、重视教育，虽然后人很少从政，但为中国科技、教育与文化界培养了不少出类拔萃的人才。凡此种种亦耕亦读的双重选择，在中国古代可谓比比皆是，不胜枚举。俗语云"没文化，真可怕"，虽然很多人读书就是为了做官，但我们不要忘了在中国文化中，读书固然可以更好地做官，但读书真正的目的并不只是做官，更重要的是它对于健全人格的养成不可或缺,以及由此对于形成良好家风、民风和社风的引导性作用。孔子有云"不学诗无以言""不学礼无以立",《礼记·学记》有云"玉不琢,不成器;人不学,不知道",诗书礼乐的道德教化让人远离野蛮、进至文明才是耕不忘读的本意和初衷,能不能"学而优则仕"倒在其次了。其实,随着人口的不断增加,教育的不断普及,科举考试竞争非常激烈,"朝为放牛郎,暮登天子堂"的人生轨迹只在极少数读书人身上变成了现实。耕而足则读、学而优则仕这条道路固然拥挤不堪,却造就了大量的读书人和文化人,为中国传统乡村社会积累了智力资源和文化资本,对于提升整个中华民族的文化水准、文明风尚功莫大焉。

最后是对小康社会的追求。耕读是中国人优游生活的终极理想,是中国乡土文化的自由意境。儒家曾屡屡描绘人们衣食无忧且孝悌忠信的小康社会的情景。《论语》中记载了曾点的人生志向:"莫春者,春服既成,冠者五六人,童子六七人,浴乎沂,风乎舞雩,咏而归。"(《论语·先进》)这种优游自在、与世无争的人生志向,孔子听后也不禁表示由衷赞同。这种对自由人格的追求,充分地贯注在孟子的大丈夫精神、君子人格与王道政治理想之中。《孟子·梁惠王上》描绘了一幅耕读自在的社会图景:"五亩之宅,五十者可以衣帛矣。鸡豚狗彘之畜,无失其时,七十者可以食肉矣。百亩之田,勿夺其时,数口之家,可以无饥矣。谨庠序之教,申之以孝悌之义,颁白者不负戴于道路矣。"有房住,有衣穿,有肉吃,再辅以孝、悌、忠、信、礼、义、廉、耻等人伦教化,既能温饱无忧又能居仁由义,小康社会呼之欲出。其实,对于田园生活的向往并不是儒家的专利,道家在这一点上可能远在儒家之上。屡屡弃官归田,"采菊东篱下,悠然见南山"的陶渊明堪为一显例。他的《桃花源记》中有一段描绘了令人陶醉的人间乐土:"土地平旷,屋舍俨然,有良田美池桑竹之属。阡陌交通,鸡犬相闻。其中往来种作,男女衣着,悉如外人。黄发垂髫,并怡然自乐。"寥寥数语,一个自给自足、怡然自得的农耕村落图景就跃然纸上。还有"方宅十余亩,草屋八九间;榆柳荫后檐,桃李罗堂前"等农耕理想,在《归园田居》等组诗中更是比比皆是。自由自在的耕读生活作为儒家和道家的共通追求,塑造了中国文化亲近乡土的基本格调,成为中国人最为推崇的人生理想,成为至今仍萦绕在每个中国人心中的"乡愁"。

二 耕读文化的基本功能

文化传统是民族的血脉,是人民的精神家园,民族文化自信则是中华民族振兴更基本、更深层、更持久的力量。2013年中央城镇化工作会议上,习近平在讲话中指出,"让居民望得见山,看得见水,记得住乡愁"。"记得住乡愁"这一神来之笔的最深刻含义在于,指出乡村除了成为中国人的粮食基地和生态屏障之外,还要成为中国人精神生活的"故乡"和"后花园"。而乡村生活作为中国人共有的集体记忆和精神家园,之所以能够是诗意的,成为一种"乡愁",其内涵是多重的:满眼生命绿意的田园风光,小桥流水人家的自然村落布局,农业牧耕作息的慢生活方式,宗族熟人社会的人际互助关系,诗礼传家、忠孝仁义的耕读文化传统,欢乐娱神的节庆赛会活动,天人合一、乐天知命的人生态度等。费孝通曾说,"文化是依赖象征体系和个人的记忆而维持着的社会共同经验"[①],当前述这些文化符号聚合在一起时,就构成了一种整体有机的地理环境、心理空间和文化氛围,成为一种活生生的、有生命的文化传统、精神存在和生活方式。虽然历经工业文明尤其是城镇化浪潮洗礼之后,耕读文化资源不可避免地大规模地失落凋零,但聚落性的耕读乡村及其耕读文化在中国城镇

---

① 费孝通:《乡土中国》,生活·读书·新知三联书店1985年版,第19页。

化过程中仍旧有其不可替代的多重价值，越来越表现出其稀缺性和珍贵性。耕读文化不仅有生产功能、生活功能和生态功能，也表现出历史悠久的文明教化功能和社会整合功能。①

首先，耕读文化具有特有的生产生活功能。俗话说得好，"一方水土养一方人"，村落是农业生产的载体，人不离村，村不离地，耕地是形成、维系村落的首要条件。"村落之所以为村落，不仅因为其务农，还在于其拥有耕地"，村落与山、水、林、田、湖、草等自然生产条件的紧密联系，是传统耕读村落存续首先要考量的因素。换言之，耕与读的关系，是生产方式决定生活方式的关系，"只要农业生产方式不变，村落对农业生产的价值就不会消失"②。先有耕再有读，农耕生产是读书荣身的必要物质前提，而读书仕进则会反过来促进农业生产条件和生活条件的积极改善。尤其是面对浙南山区人多地少的局面，读书做官确是一条回报相当可观的生计出路。正是耕地的不可移动性和有限稀缺性，造就了中国人安土重迁的文化性格和农耕村落相对的稳定性。费孝通曾就此指出，与游牧的人飘忽不定和做工的人择地而居不同的是，"种地的人却搬不动地，长在土里的庄稼行动不得，侍候庄稼的老农也因之像是半身插入了土里，土气是因为不流动而发生的"③。在长期的共同生产生活过程中，"安土重迁，黎民之性；骨肉相附，人情所愿也"（《汉书·元帝纪》），耕读文化和乡土中国由此连绵不断。既然没有耕就没有读，那么村落一旦与农耕生产割断联系，就要么变成城镇，要么自然死去，耕读文化亦会随之变味和消亡。正是由于维系农业生产这一主要职能，耕读村落布局一般都遵循"近地原

---

① 参见朱启臻、赵晨鸣、龚春明等《留住美丽乡村——乡村存在的价值》，北京大学出版社2014年版，第49—62页；谢小蓉《国内外农业多功能性研究文献综述》，《广东农业科学》2011年第21期。

② 朱启臻等：《留住美丽乡村》，北京大学出版社2014年版，第78页。

③ 费孝通：《乡土中国》，北京大学出版社2012年版，第10页。

则"。永嘉多山多水少田，有南方山区或丘陵地带较为典型的地理特点，先民多会因地制宜，选择依山傍水有耕地的地方安居乐业，形成村落。因此多数时候，永嘉域内集村与散村间而有之，要么是"村落建筑依山就势，朝向因迁就于地形而不求统一，从而形成错落有致的景观"，要么是"平地村落和部分丘陵村落的农田位于山脚下平地"，"多傍河而居"。① 河流，山林存在的意义不仅在于为村民提供直接的饮用或灌溉水源，亦在于可以保持良好的生态环境，提供建材、薪柴和果木山货。由土地、山林、河流、湖泊和村落等要素共同构成的生产环境具有一种自然有机性，与现代工业文明的人为有机性形成了鲜明对比。

其次，耕读文化具有天然的生态主义成分。作为耕读文化的基本载体，耕读村落具有天然的生态保育功能。耕读村落作为地球上与都市、自然荒野并存的三大环境之一，亦孕育了地球上三大文化形态之一的农耕文明。"房前屋后，种瓜种豆"，中国农民对于耕地等自然资源多样、精细而充分的利用，处处体现了人与自然和谐相处、良性循环的地方性智慧。先民的智慧结晶，理当为现代循环经济、绿色经济和生态文明建设所重视和继承，而不是贬低与抛弃。迄今为止，城市生活虽然便利、高效和热闹，但是它日渐阻滞了人类与大自然母亲之间的联系：一方面，人类将自己包围在钢筋混凝土的丛林里面，以寻求舒适和安全；另一方面，又将大多数野生生物群落最大限度地限制在越来越狭小的指定范围之内，以免被干扰和被伤害。过度切割这种人类与生俱来的热爱绿色生命、亲近大自然的本能需要，却又不得不忍受着各种城市病，这着实是两不自由的处境。相对而言，作为处于城市与荒野之间"缓冲地带"的乡村，其丰富的自然、生物、生态资源是城市所无法比拟的。因此，耕

---

① 尹璐、罗德胤：《试论农业因素在传统村落形成中的作用》，《南方建筑》2010年第6期。

读乡村不应是城市的弃儿，而应该是城市亲近大自然这个母体的"后花园"，成为一道坚不可摧的生态屏障。习近平总书记在浙江期间曾经提出有名的"绿水青山就是金山银山"的"两山"理论，这是对当下耕读文化所蕴含的生态功能最好的注脚。习近平在《关于〈中共中央关于全面深化改革若干重大问题的决定〉的说明》中进一步指出："山水林田湖（草）是一个生命共同体，人的命脉在田，田的命脉在水，水的命脉在山，山的命脉在土，土的命脉在树。用途管制和生态修复必须遵循自然规律，如果种树的只管种树，治水的只管治水，护田的单纯护田，很容易顾此失彼，最终造成生态的系统性破坏。由一个部门负责领土范围内所有国土空间用途管制职责，对山水林田湖进行统一保护、统一修复是十分必要的。"习近平还指出："如果破坏了山，砍光了林，也就破坏了水，山就变成了秃山，水就变成了洪水，泥沙俱下，地就变成了没有养分的不毛之地，水土流失，沟壑纵横。"① 乡村各个环境要素之间是有机联系的，一种系统整体的生态观告诉我们，耕读文化传统的保护和利用必须注重系统性和整体性，不能偏重一隅。

最后，耕读文化承载的是邻里乡亲守望相助的精神家园和集体记忆。耕读村落不仅承担着粮食安全、土地储备、原料供给和生态屏障等物质性功能，还是中国人美好的集体记忆和乡愁之所在。一般来说，文化传统拥有理性认知、情感认同和心理调控等多重社会功能。一个人的生存环境是渗透在骨子里的东西，而一个人的文化背景是他身上最正统、最明显的标志。通过传承久远的乡村传统文化符号，通常可以认识一个地方、一段历史和当地人民生活最直观、最鲜活的内容。即便是离开了乡土，其特定的地域身份和文化认同也是其成员引以为豪的一种象征、一种资源。所以，

---

① 习近平：《关于〈中共中央关于全面深化改革若干重大问题的决定〉的说明》，《人民日报》2013年11月16日。

耕读文化符号的首要功能就是社会认同，凝聚人心，塑造乡村共同的价值观，以此促进社会黏性。一方面，一个人的素养与其所受的文化熏陶之间就如鱼水关系，耕读文化符号直接影响着一个地域的人文价值观的塑造。正是耕读文化符号形塑了一个村落和地方特有的精神价值、思维方式、审美趣味、生产方式、风俗习惯。耕读聚落作为人们长久以来的生产憩息地，一个亲戚邻里相助、生机勃勃的社会共同体，它各种因地制宜的组织样态、地方性知识、亲缘性与地缘性经验仍旧是现代社会有机体的母体甚至纽带，可以弥补现代科学技术、经济、法律和行政手段的不足。另一方面，乡村青山绿水的自然环境，小桥流水式的村落布局，青砖黛瓦的庭院建筑，清静无为的生活环境，散漫松弛的生活节奏，乐天知命的生活态度，天人合一的哲学世界观，朴实敦厚的家风、民风和社风至今仍然是城市文明所无法替代的。永嘉《乐安珍水朱氏宗谱》记载了廊下村朱映峰的《隐居歌》，其中有曰："非士亦非农，半耕还半读。傍山数顷田，临水几间屋。筑园又凿池，栽花还种竹。"当人们看到乡村中传承下来的优秀的耕读文化符号，会产生一种心灵的震撼，获得一种真善美的启示，舒缓内心、陶冶情操、收获宁静，这无疑表现了乡村传统文化符号的心理治疗功能。基于上述的社会认同和心理调适功能，乡村文化不仅是联系某一地域居民情感的纽带，是社会稳定的重要文化基础，也是维护文化多样性的重要条件，是促进多元社会和谐共存和发展的必要前提。

当然，不能不提的是，乡村耕读文化符号如果保护发展得好，它就不仅是一种历史遗存，还可以带来可观的旅游价值和经济收益，真正成为国人休闲放松的好去处和精神生活的"后花园"。在传承和开发农村传统文化符号时，必须处理好保护和开发两者之间的关系。一个地方只有在耕读传统文化保护、传承得比较好时，才有可能带动相关产业的发展，如旅游门票、民宿、特色表演、工艺品、地方小吃、纪念品制作等。反之，保护不力，或者过度开发皆有可能导致乡村耕读文化价值的衰减，并最终降低它的识别度和珍稀性。总之，乡村耕读传统文化符号具有生产、生活、文化、生态、历史、审美等多种价值，是一个地区发展中不可多得、值得珍视和审慎对待的文化资源。

正是基于上述对于乡村耕读文化功能与价值的深刻认识，2013年12月召开的中央农村工作会议指出，"农村是我国传统文明的发源地，乡土文化的根不能断，农村不能成为荒芜的农村、留守的农村、记忆中的故园"。如果任由乡村耕读文化衰败下去，无形中会使得上述珍贵的文化遗存消失殆尽。因此，耕读文明理应与现代工业文明、城市文明之间实现遵循差别对待、互补共存、协调发展的基本原则，不能一刀切地向城市看齐，让传统乡村及其耕读文化被简单抛弃、彻底淘汰。从国外的农村现代化经验来看，日本的"村落营农"和韩国的"新村建设运动"中的多功能性利用和差别化（特色化）处理的经验，应成为我国社会主义新农村建设的两个基本原则。

三 耕读中国与"记得住乡愁"

中国曾经拥有世界上规模最大、历史最悠久、发展最灿烂的农业文明，乡土耕读文化曾是中国传统文化的基调和底色。无论是革命时期的"农村包围城市"战略还是新时期农村改革先行于城市，皆表明"三农"问题在耕读中国现代化转型过程中的重要性。邓小平曾指出："中国有百分之八十的人口住在农村，中国稳定不稳定首先要看这百分之八十稳定不稳定。城市搞得再漂亮，没有农村这一稳定的基础是不行的。"[1] 较之于新中国前三十年采取的农村社会主义集体化改造，改革开放以来则一度经历

---

[1] 《邓小平文选》（第3卷），人民出版社1993年版，第65页。

了一个去集体化的反向变化,这在一定程度上促进了生产力发展,同时也呈现出小农化、空心化和去组织化的剧变。近年来,在社会主义新农村建设的新征程中,乡村重新组织化、集约化的"新集体主义"思潮开始兴起,随着农业补贴、合作医疗、养老保障、义务教育、基层选举与自治等显性制度的不断供给,随着城市对于农村反哺力度的不断加大,农村发展相对滞后的局面才有了较为根本的改观。即便如此,在工业化、城市化浪潮冲击之下,面对农业易成弱势产业,农民易成弱势群体,农村易成落后地区等多重挑战,乡村发展还相对滞后,重新审视和盘活耕读文化资源已经成为横亘在我们实现全面建成小康社会这一战略目标前面亟须弥补的一个短板。

2006年,当时还在浙江工作的习近平就指出:"在传统的农业社会,农村是大多数人生活、繁衍的居所。在许多诗人的笔下,农村有着恬静诗意的田园风光,故而使哲学家发出'人,诗意地栖息在大地上'的感慨。而在人类进入工业社会以来,有相当一个时期,农村环境遭到了破坏,农村建设被人们所忽视,这种破坏和忽视最终阻碍了经济社会的发展,使人们付出了很大代价。"① 农村发展的这一短板,其表现是多方面的,但从社会主义新农村建设的"五位一体"总体布局来看,具有符号性、观念性、精神性特质的文化建设还相对滞后。其中,乡村耕读文化资源的保护、传承、活化与创新不足,传统文化氛围与和谐人居环境的营造缺失,无形中皆给社会主义新农村和美丽乡村建设带来了不小的阻碍。这种阻碍虽然多是无形的,可越来越多的有识之士认识到,挖掘乡村耕读文化符号,保护与传承乡村历史文化资源和耕读特色文化氛围,不仅对于促进中国乡村从物质富足进一步向精神富有的跃升有不可替代的作用,而且对于进一步激

---

① 习近平:《靠建设美村》,《之江新语》,浙江人民出版社2007年版,第193页。

发中华优秀传统文化的生机与活力，增强文化自觉和文化自信，着力构建中华优秀传统文化传承发展体系也具有重要意义。

虽然村庄消失或兼并、产权重定、关系重组、农民进城或者上楼，"农民的终结""农村（村落）的终结"如火如荼地推进，但任何时代都需要有农业这个衣食之本的行业存在。农业文明是工业文明的先驱、摇篮和基础，没有农业这个衣食之本，就没有工业或后工业的今天。有农业的存在，就有乡村和农民问题的存在。因此"三农问题"不是从有到无的问题，而是如何在新时期、新形势下来审视和解决的问题。换言之，在勠力建设社会主义新农村和美丽乡村的当下中国，"乡村"耕读文化不是保留与否的问题，而是要如何继承和发展的问题。中央城镇化工作会议指出，"让城市融入大自然，让居民望得见山、看得见水、记得住乡愁。在促进城乡一体化发展中，要注意保留村庄原始风貌，慎砍树、不填湖、少拆房，尽可能在原有村庄形态上改善居民生活条件"。早在2006年，习近平就指出，在新农村建设过程中，要因地制宜，"防止盲目照搬照抄城镇小区建设模式，防止搞不切实际的大拆大建，防止搞劳民伤财的形象工程，防止贪大求洋，导致农村传统文化的失落"[①]。我国正在工业化、城市化和信息化等现代化征程上大踏步地向前迈进，在商业化、市场化等浪潮的巨大冲击下，农村耕读文化价值体系和文化符号似乎离我们越来越远，日渐失去了生存的空间，甚至逐渐退出了历史舞台。传统乡土耕读文化的恢复与重建，正面临着多重困境和挑战，主要表现在以下几个方面。

一是"脱域化"现象。在城镇化过程中，耕读文化传承普遍存在"脱域化"现象，不同程度地存在农村文化"被城市化"现象。传统"乡土中

---

① 习近平：《靠建设美村》，《之江新语》，浙江人民出版社2007年版，第193页。

国的基层社区单位便是聚族而居的村落"①，但是随着乡村人口空心化和去组织化的变化，以地缘、血缘和农业互助精神为纽带的耕读村落难以适应现代化转型而急剧衰落，"村落共同体"不断解体和弱化，面临着被迁移、合并甚至遗弃的命运。在这一过程中，耕读村落及其乡土文化正以惊人的速度消失，发掘、保护和传承的任务刻不容缓。虽然我国自2012年起已经启动了国家层面的传统村落文化保护工程，投入逐年增加，但从整体情况看，中国传统村落正在遭遇千年未有之大变局，保护、传承与活化情况不容乐观。可是农村传统文化保护和重建是个系统工程，涉及文物、建设、旅游、交通、规划等多个政府职能部门，多头交叉管理，很容易出现"剪不断，理还乱"的状态，在需要投入进行挖掘、保护的时候通常退缩不前、听之任之，而在能够申遗促进地方发展的时候则又会争先恐后。理顺政府职能，加强顶层设计和整体规划，是耕读文化传承和发展的当务之急。

二是"博物馆化"现象。当下，有些地方乡村耕读文化即便是被发掘和被保护，亦大都有遗存而无灵魂，缺少生机和活力。由于失去了其所依存的传统生产和生活制度这一载体，乡村耕读文化符号经常成为一种存而不用的历史遗存，缺少一种传统与现代相互融合再生的有机性。借用儒学传统的近代境遇来说，就是乡村耕读文化传统遭遇了列文森所说的"博物馆化"危机，或者余英时所说的"游魂化"危机。随着互联网技术和新媒体技术的快速发展，乡村生产和生活方式逐渐信息化和便利化，居家看电视、上网玩游戏等以个人或家庭为单位的私人性活动增多，这更加导致耕读乡村传统庙会、节庆与民俗表演等公共文化的共享性功能有所弱化，极易陷入一种恶性循环。当下要想实现传统耕读村落及其文化的保护，必须

---

① 费孝通：《乡土中国》，生活·读书·新知三联书店1985年版，第4页。

顺应原有村落机理，尽量保持村落整体的有机性，尊重村落共同体变化的时空规律，实现渐进、连续、自然的更新与变化，确保村落生命体的"有机更新"，实现乡村耕读文化传统的永续发展。①

三是"商业化"现象。当代耕读文化重建过度"商业化"，重有形而轻无形，重形式而轻内涵，重开发而轻保护，缺少文化的灵魂和精神气质。文化本质上作为一种精神现象有经济功能，但其本身并不是经济。文化飘零、无人问津固然是一种不幸，但在唯利是图的功利目标驱使之下去开发乡村耕读文化资源可能是更大的不幸。一些地方只注重经济价值和旅游开发价值，对乡村耕读文化符号所蕴含的人文价值重视、挖掘不够。文物维修毕竟不是房屋装修，很多不合理的开发不仅不能起到保护作用，相反却能加速它的破坏。曾几何时，有些地方打着保护耕读文化的旗号，大肆鼓吹"破旧立新"，大拆大建，导致大面积乡土建筑遭到拆除，乡村耕读文化遗迹损失殆尽。耕读文化重建如果不尊重历史，不因地制宜，不注重其精神传承，轻浮随意，简单照搬照抄城市文化，一味地搞商业开发，就会陷入粗制滥造的文化模仿。这种文化既脱离乡土文化的根脉，也与真正的城市文化相隔膜，是内失其固有之血脉，外失其现代转化之契机的失败之举。如何将传统因子与时尚元素相结合，将保护传承与开发利用相结合，将文化生态与商贸旅游相结合，无疑是当代中国乡村耕读文化重建所要解决的核心议题。

四是"灰色化"现象。乡村耕读文化重建中的"灰色化"现象主要表现在两个方面：一方面，一些低俗文化如黄、赌、毒、迷信甚至邪教等现象有所抬头，把淳朴宁静的乡村搞得乌烟瘴气、低俗不堪；另一方面，包括一些文化精英在内的乡村精英阶层，经常游走在法律边缘和灰色地带，

---

① 王露：《村落共同体——文化自觉视野中的古村落文化遗产保护》，《光明日报》2015年6月1日。

利用不正当手段损公肥私，巧取豪夺，把互助共处的社情民风搞得鸡犬不宁、江河日下。近代中国屡有乡村建设和复兴运动等努力，面对劣绅、豪强充斥乡村社会之局面通常束手无策。新时期的社会主义新农村，面对乡村传统文化的庸俗化、灰色化甚至黑色化，政府绝不能放任自流，必须依法行政，有所作为。除了依法治村之外，还必须通过形式多样的活动载体引导乡村群众扎根传统，立足现实，特别是充分发挥社会主义核心价值观的引领作用，切实解决乡村文化建设中信仰迷失、道德弱化和公共性缺失的问题，倾力打造"人的新农村"，最终实现"法治、德治与自治相统一"的乡村治理能力现代化。

时至今日，重选乡贤、族长，重修宗族家谱、联谱，重修重建祠堂，重兴祖先祭祀活动等，耕读文化传统的复兴不一而足。传统耕读文化在社会主义新农村、美丽乡村建设中究竟扮演着什么角色，仍旧是十分耐人寻味的一个话题。

第二章 永嘉耕读文化传统的发生和形成

要讲清楚中华优秀传统文化的历史渊源、发展脉络、基本走向,讲清楚中华文化的独特创造、价值理念、鲜明特色,增强文化自信和价值观自信。

(《习近平谈治国理政》,外文出版社2014年版)

论及中国耕读文化的发展历史,有学者指出"发生于春秋,成熟于汉魏,鼎盛于唐宋,影响于后世"[1],应该说这个提法颇有道理。就浙江永嘉地区来说,早在5000年前,瓯江和楠溪江流域就有古瓯人、瓯越人、山越人在此活动,创造了原始先民的农耕文化。在楠溪江下游发现的几处新石器时代文化遗存,出土文物不仅有石器,还有陶器、瓷器、铜器等生活用品,见证了永嘉地区的历史文明。后来,境内"剪发文身,错臂左衽"的古瓯越人向外迁移,留下的一部分人融入了永嘉郡时期的汉族人群。晚清民初"东瓯三杰"之一的宋恕说得好,"温州故地僻入荒,今之民族,大率其旧者为孙乐建国后中原民与山越民渐通婚嫁所成,其新者为钱、赵时

---

[1] 王小明、沈智毅:《永嘉耕读文化的发展脉络与积淀内涵》,《浙江工贸技术学院学报》2011年第3期。

代闽客民与温土民合种所成。盖自康乐来守，山水始彰，北宋始有名儒"①。大致说来，温州地区有两次移民汇入高潮。永嘉郡时期主要有北方士族、吴越移民和地方土著，他们在隋唐时期历经迁移、分化和整合。自唐末五代到明清时期，北方移民、福建移民以及明清时期的矿业群体、军队卫所、海商海盗移民等族群相继移入，经济实力不断增长，各地族群不断融合。与之相应的是，中原文化、吴越文化与闽台文化及其地方信仰杂处一地，交流互动，日积月累，区域性耕读文化传统趋于成熟，至宋代达到最高潮。②

下面分两方面论述永嘉耕读文化传统的形成和发展。

一　汉魏南北朝时期永嘉耕读文化氛围初具雏形

永嘉在汉代以前属东瓯国，六朝时期属永嘉郡，唐代中后期属温州。汉代东瓯国迁国之后，有近4万人迁到江淮一带，"东瓯国遂虚"，开发水平一度倒退。此时，永嘉被会稽郡下面的东冶（福州）和章安（台州）两县一南一北分而治之（极有可能以瓯江为天堑），被边缘化。汉永和三年（138），在章安县东瓯乡设永宁县，县治大约在今天的楠溪江与瓯江交汇的永嘉县瓯北镇一带，管辖范围大约相当于现在温州市和丽水市组成的瓯江中下游地区。谭其骧曾指出，相对于"州郡置罢，分并无常"，"县乃历代地方行政区划之基本单位……县则大致与时俱增，置后少有罢并，比较稳定。……一地方至于创建县治，有大致即为开发此县动力所自来"③。虽然永宁设县，但是辖区较现在大得多，有"几千方里"，可是"户不满万"，人口集聚与农业开发水平皆比较有限，可能还没有恢复到东瓯国原

---

① 宋恕：《外舅孙止庵师学行略述》，《宋恕集》，中华书局1993年版，第324页。
② 林亦修：《温州族群与区域文化研究》，上海三联书店2009年版，第3—4页。
③ 谭其骧：《浙江省历代行政区域——兼论浙江各地区的开发过程》，《长水集》（上册），人民出版社1987年版，第398页。

有的水平。赤乌九年（246），孙权析永宁县一部分置罗阳县（今瑞安市）。孙亮于太平二年（257）析会稽郡东南部分置临海郡，领有章安、临海、始平（天台）、永宁、宁海、松阳、安固（瑞安）、横阳（平阳）八县，大致相当于今天的温州市、台州市和丽水市三市地界。东晋明帝太宁元年（323），又从临海郡中分出永嘉郡，郡治迁于瓯江南岸。六朝永嘉之乱，是中原汉人大规模南渡进入温州的第一个高潮，现在温州土著和侨居大姓最早皆可追溯到此一时期。新建的永嘉郡治，把与偏安江东一隅的晋室的地理间隔忽然拉近不少，当时有不少超一流水准的文人骚客因缘际会，驻足永嘉，使得永嘉文化水平一下子提升了好几个层次。诸如东晋大文学家、"书圣"王羲之，刘宋诗人、汉赋大家孙绰，骈文高手、文论家、诗人颜廷之，中国山水诗鼻祖谢灵运，萧梁文学家丘迟等都是随晋室南渡的大家望族成员。除此之外，还有郗愔、王彬、郭璞、毛喜等北方士族大姓的庄园宅第星罗棋布，城固沟深，奠定了今天温州城区的基础。虽然"自谢康乐招学士讲经，而郡之有学旧矣"（《弘治温州府志·学校》），但谢、王、毛、虞等北方士族大姓文化水平普遍较高，文化输入为楠溪江耕读文化的形成奠定了坚实的基础。但是当时的温州城地狭人多，有的人沿温瑞平原南下飞云江和鳌江一带定居，有些士族大户则沿楠溪江水陆交通北上开荒，或者沿江择地定居，形成了永嘉最早的耕读聚落。例如，在苍坡古村西南方向，有周京携家眷于南朝梁武帝太清三年（549）自吴县迁来定居。温州谢氏则是谢灵运（385—433）于南朝宋永初三年（422）任永嘉太守后族人"不复有东归之志"所留后裔。① 谢灵运在广州被杀之后，由次子扶柩回温州，建墓于温州城内飞霞洞侧，其后人遂定居在温州城内。元大德三年（1299）谢梦符所撰《鹤阳谢氏宗支记》记载了这一段历史：

---

① 参见张如元《鹤阳谢氏家集考实》，浙江大学出版社2015年版。

谢灵运"既袭封康乐公，出守永嘉郡，爱永嘉亦有东山之胜，且山水尤美于会稽，乃创第凿池于积谷山下，迎母太夫人来养，欲定居焉。未几，升临川内史，为有司所劾，谪广州，寻死于诬，祖母太夫人忧患而卒。超祖葬夫人于所居第之城东飞霞洞之左，不复有东归之志，于是遂为永嘉人"①。到了北宋，"诜五公游楠溪，见鹤阳之胜，又自郡城迁居鹤阳"，为永嘉鹤阳谢氏，供奉着谢灵运牌位的谢氏大宗祠即位于今天永嘉的鹤阳村。鹤盛溪畔，开枝散叶，再加上与本地名门望族通婚，大约在南宋时期又逐渐分出鹤盛、鹤湾、东皋和蓬溪等谢氏聚居村落，总共有二十多个。

谢灵运居永嘉时，对于永嘉山水风物喜不自胜，歌咏描摹，成为中国山水诗的鼻祖。"暮春三月，江南草长，杂花生树，群莺乱飞"（丘迟《与陈伯之书》），永嘉亦因此有"中国山水诗摇篮"之称。"晚末牵余荣，憩泊瓯海滨"（《北亭与吏民别》）的谢灵运，当初是被贬到永嘉做太守的，是抱着郁愤的心情上任的，一年有余便主动辞官北归，时间并不长。《宋书·谢灵运传》里记载："灵运为性偏激，多愆礼度，朝廷唯以文义处之，不以应实相许。自谓才能宜参权要，既不见知，常怀愤愤。……司徒徐羡之等患之，出为永嘉太守。郡有名山水，灵运素所爱好，出守既不得志，遂肆意游遨，遍历诸县，动逾旬朔，民间听讼，不复关怀。所至辄为诗咏，以致其意焉。"才高八斗的谢康乐出身名门，少年得志，恃才傲物，自嘲"进德智所拙，退耕力不任"，不免有些放浪形骸。在任期间，作为一地最高行政官员却"民间听讼，不复关怀"，常常不理政事，有些不务正业，可以说并没有留下什么出色的政绩。但是，他却经常徜徉于山水之间，借景抒怀，留下不少歌咏永嘉山水风物之美的诗文。苏轼后来曾由衷地慨叹道："但言长官如灵运，能使江山似永嘉。"应该承认，在永嘉地域

---

① 谢梦符：《鹤阳谢氏宗支记》，《鹤阳谢氏家集》卷五《内篇杂文》，温州市图书馆藏永嘉乡著会抄本。

开发极其有限的条件下,"脚著谢公屐,身登青云梯"的谢灵运开山辟路,筚路蓝缕,遍访胜境,经眼美景化为经典诗歌而流传千古,为宣传永嘉山水立下了头功。

谢灵运像

谢公歌咏永嘉的诗文据考证总计有二十余首,其中有"池塘生春草,园柳变鸣禽"(《登池上楼》)的谢公池,有"罗列河山共锦绣,浮沉沧海同行舟"的江心孤屿(时为双屿),有"润委水屡迷,林回岩逾密。眷西谓初月,顾东疑落日"(《登永嘉绿嶂山》)的绿嶂山,有"石室冠林陬,飞泉发山椒"(《咏石室》)的石室山(据说为大若岩),有"近涧涓密石,远山映疏竹"(《过白岸亭》)的白岸亭,更有千古名句"叠叠云岚烟树榭,弯弯流水夕阳中"所描绘的楠溪江。驻守永嘉期间,当他"步出西城门,遥望城西岑"时,触景生情,吟得"连鄣叠巘崿,青翠杳深沉。晓霜枫叶丹,夕曛岚气阴"(《晚出西射堂》)的诗句。当他宴坐读书时,又不免感怀"昔余游京华,未尝废丘壑。矧乃归山川,心迹双寂寞。虚馆绝诤讼,空庭来鸟雀"(《斋中读书》)。谢灵运在永嘉山水中找到了精神寄托,而永嘉山水亦因谢灵运的精神附着而有了灵魂,两者相得益彰,实为佳话。

南朝梁文学家丘迟(464—508)曾于梁武帝天监三年(504)出任永嘉太守,所作《永嘉郡教》一文成为现存较早记载永嘉地理环境与人文风貌的历史文献之一。他说温州"控山带海,利兼水陆,实东南之沃壤,一郡之巨会",简洁明了地揭示出永嘉一带背山面海、水陆兼便的地理优势。可是"暴北拘牛,屡空于畎亩。绩麻治丝,无闻于窐巷。其有耕灌不修,桑榆靡树,遨游廛里,酣酺卒岁,越伍乖邻,流宕忘返",民风轻浮,大家都不甘于从事农桑生产,衣食都成问题。为此,丘迟要步汉朝蜀郡太守文翁和渤海太守龚遂之"后尘",教化士民,移民正俗。一方面,学习文翁"起学官于成都市中,招下县子弟以为学官弟子"(《汉书·文翁传》)等做法,推行文明教化,彰善瘅恶,树之风声,改善社会风气,提高精神文明水平;另一方面,以龚遂为榜样,"躬率以俭约,劝务农桑"(《汉书·龚遂传》),规劝人们不要游手好闲,踏实从事农业生产,发展经济,丰衣足食,提高物质文明水平。应该说,一手抓农耕,一手抓教化;一手抓经济,一手抓文化,亦耕亦读,丘迟的做法开启了永嘉耕读文化传统的先河。

如诗如画的括苍山一带和楠溪江流域,历来是道教重要的洞天福地之一。早在西汉时就有傅隐隐居在此,东汉末年又有梅福和温州早期道教开拓者王玄真居楠溪江石室山(大若岩)修炼,开枝散叶。乌牛镇山下村东蒙山有葛洪炼丹台,南齐陶弘景于永明十年(492)到青嶂山、大若岩修道并撰写《真诰》,因此大若岩又称"真诰岩"。陶弘景在《答谢中书书》

中描述道:"山川之美,古来共谈。高峰入云,清流见底。两岸石壁,五色交辉。青林翠竹,四时俱备。晓雾将歇,猿鸟乱鸣。夕日欲颓,沉鳞竞跃,实是欲界之仙都。自康乐以来,未复有能与其奇者。"[1] 汉代董仲舒"罢黜百家,独尊儒术",之后儒学成为官方的意识形态和主流文化,但是很少传到瓯越偏远之地,加之魏晋清谈风气和道教文化兴盛,因此整个汉魏南北朝时期,永嘉文化尚未经受充分的儒化,仍旧带有一种原始的蛮风和巫魅色彩。要说永嘉地域文化的儒家化,即作为农耕文化内在价值标准和伦理纲维的孝悌忠信、礼义廉耻等儒家文化因素广泛渗透到民众日常生活之中,恐怕还要等到隋唐之后,尤其是唐代科举制度改革之后,在斯文不断下移、"学而优则仕"成为可能之后。

欲界之仙都——楠溪江(谢文东 摄)

---

[1] 陶弘景:《答谢中书书》,载王京州校注《陶弘景集校注》,上海古籍出版社2009年版,第95页。

大若岩（朱忠胜 摄）

楠溪江的耕读文化，起源于魏晋的隐逸文化。魏晋南北朝是我国历史上最为纷乱的时期，朝廷腐败、官场黑暗，许多文人高士在官场很不得志，于是纷纷挂冠而去，遨游名山大川，将自己的一腔情怀寄托于山山水水。耕读生活在那个时代还只局限于少数文人贵族阶层，是一种文人的政治抱负得不到施展，转而寄情于山水的结果。从精神实质上看，更多地体现了"久在樊笼里，复得返自然"的道家风骨和魏晋风度，风格恬淡，耕读科考入仕的氛围还不甚浓厚。但是，中国文人的理想除了自由自在、田园牧歌式的道家生活方式之外，还有儒家"穷则独善其身，达则兼济天下"的王道政治理念。儒家极具道德主义色彩的仁政理念，历来认为"善政不如善教之得民也"，十分强调"以人文化成天下"的重要性。魏晋时期的永嘉，在王羲之、谢灵运等人化民成俗的努力下，"永嘉民风变、知向学"。清乾隆《永嘉县志》转引《旧志》说："晋立郡城，生齿日烦，王右军导之以文教，谢康乐继之，乃知向方。自是家务为学，至宋遂称小邹鲁。"化民成俗的主要手段就是兴办教育，教育的目的首先是培养民众尤其是年轻人的素质，通过一个个读书人再慢慢地影响整个村子的民风乡俗。魏晋先贤和东晋移民文化为后来永嘉文化的发展奠定了基础，"一等人忠臣孝子，两件事读书耕田"的耕读文化氛围可以说初具雏形。

二 隋唐五代时期永嘉耕读文化氛围基本形成

隋唐时期，永嘉属温州。隋炀帝大业元年（605），恢复永嘉郡。《浙江通志》卷八引《图经》有云："永嘉民李行抚旨阙诸置州制，以永嘉、安固二县置温州。其地自温山西，民多畲耕，虽隆冬而恒燠，故名。"唐高宗武德五年（622）改置东嘉州，析今永嘉县楠溪和西溪两乡置永宁县。唐高宗上元元年（674）从括州析永嘉、安固（瑞安市）两县置温州，州治在永嘉。唐武后载初元年（689），析永嘉一部分置乐成县（乐清市）。自此之后历1300余年直至民国，州名与州境皆无大变，永嘉县辖区亦未有大变。

唐代定鼎之后，各地有了一个相对稳定的发展时期。温州人口在唐玄宗天宝年间达到顶峰，农业开发水平亦随之提升。但是，随着唐末五代动乱和割据，人口又严重流失。不过，相对而言，中原地区和福建的动乱持续更久，破坏亦更为严重，中原、闽北居民开始移民温州，现在温州多半姓氏皆是此一时期迁入繁衍的。据统计，永嘉县在搜集民间谱牒的过程中，发现全县达万人以上的 21 个大姓之中，有陈、李、徐、金、张、吴、林、杨、刘、叶、王、朱、黄、麻等 15 个姓氏，合计454106 人（占全县总人口的 56%），其祖先都是唐末以后从福建长溪县赤岸乡迁居而来的。[1] 由此可见，唐末五代之乱，偏安东南一隅的温州，成为人口净流入地。随着人口大规模迁入，永嘉与瑞安、平阳一带十分类似，"及唐末之乱，赋繁役重，民不堪命，流亡入山者愈多，则百落千村皆武陵之桃源矣"[2]，山区开发不断深入，耕读村落日渐增多。

《浙江通志》记载，三面环山的楠溪江"太平险要，扼绝江，绕郡城，东与海会，斗山错立，寇不能入"，于是，五代时饱受战乱之苦的闽北望族纷纷迁入楠溪江这个与世隔绝的"世外桃源"。据考证，楠溪江现存的几个重要姓氏都是在唐末、五代迁入的，茗岙村和下园村建于晚唐，枫林、花坦、苍坡、西巷、周宅等村则建于五代时期。像苍坡村的李氏、芙蓉村的陈氏、鹤阳村的谢氏（谢灵运的后裔），后又分出鹤盛、蓬溪、东皋等 20 多个村落。据芙蓉村《陈氏宗谱》明弘治十年（1497）记载，陈氏一族是早自唐末为避乱世从永嘉县城沿楠溪江北徙，最后至芙蓉峰旁筑屋定居，开枝散叶，始成小桥流水人家式的自然聚落。青山绿水之间，青瓦民居、碎石铺地、祠堂书院戏台、歇山亭台、闲坐

---

[1] 张景骞：《永嘉人氏半赤岸》，霞浦县政协文史资料委员会编：《霞浦文史资料》第 11 辑，1993 年。
[2] 林鹗、林用霖：《同治泰顺分疆录》，余绍宋编：《中国地方志集成》，《浙江府县志》第 57 辑，上海书店出版社 1993 年版，第 797 页。

水榭错落有致，天地人融为一体，古韵今风相互映衬，构成一方充满文化气息的耕读小天地。据说，孟浩然到了楠溪江，曾捐资筑堤修渠，并留有《大若岩记》一文。

永嘉苍坡古村（孙邦金 摄）

苍坡村，由李氏家族始建于唐末五代时期，是按照笔、墨、纸、砚文房四宝依次布局，立意清新深远，格局自成一体，具有极高的文化寓意、历史意义和美学价值。不难想象，没有相当浓厚的耕读文化氛围，苍坡古村落如此富有文化底蕴的构思和建造，都是不可能的。今天，就地设置的楠溪民俗馆，诉说着耕读文化的前世今生。

唐代佛教和道教兴盛，永嘉出现一个禅宗高僧玄觉大师（665—713），为六祖慧能"少留一宿"后成为其得意弟子，人称"一宿觉"。玄觉驻锡永嘉，独居参禅，著有《证道歌》《禅宗永嘉集》，影响甚广，为永嘉耕读文化增添了不少亮色。玄觉《永嘉证道歌》堪为温州佛教史

玄觉大师与《永嘉证道歌》（憨山大师　书）

上的光辉文献。"穷释子，口称贫，实是身贫道不贫，贫则身常披缕褐，道则心藏无价珍。"这种佛教精神，在其《永嘉证道歌》中亦有所体现："游江海，涉山川，寻师访道为参禅，自从认得曹溪路，了知生死不相关。"在此值得一提的是，他对于"识道"（参禅修道）与"居山"（山水环境）之间的关系有特别的理解，值得今人借鉴。隐居于婺州左溪山的玄朗禅师（673—754），作为慧能的同门，曾经邀请玄觉一起"独宿孤峰，端居树下"，隐居修禅。玄觉也深知清幽环境对于修道的重要性，正所谓"入深山，住兰若，岑崟幽邃长松下，优游静坐野僧家，阒寂安居实潇洒"（《永嘉证道歌》）。但他在给玄朗的回信中，认为"欲采妙探玄，实非容易；抉择之次，如履轻冰"，只注重环境的清幽是远远不够的。禅修的关键不在清幽无尘的山水环境而在清乐自在的超脱心境，因此正确的选择是"先须识道后乃居山"。否则，"若未识道而先居山者，但见其山，必忘其道；若未居山而先识道者，但见其道，必忘其山。忘山则道性怡神，忘道则山形炫目"。如果没有自性本有、不生不灭、智观万有的觉解,无论是人间庙堂还是山林江湖,皆易于为外物所牵而难以见性见道。这就是玄觉所言"见道忘山,人间亦寂也。见山忘道,山中乃喧也"的辩证法。其实,"物类纭纭,其性自一",如果真正能够做到见真智圆,"触目无非道场",何必分什么闹世与清净,何必"假长居山谷""散寂寞于山谷"呢?① 这种"喧寂同观""怨亲普救"的真俗不二观,充满了假闹世以求道的人间佛教精神。

---

① 玄觉:《答朗禅师书》,张继定、徐耘天主编:《永嘉历代文选》,线装书局2016年版,第14—16页。

第三章　永嘉耕读文化传统的成熟和转型

搞历史博物展览，为的是见证历史、以史鉴今、启迪后人。要在展览的同时高度重视修史修志，让文物说话、把历史智慧告诉人们，激发我们的民族自豪感和自信心，坚定全体人民振兴中华、实现中国梦的信心和决心。

（习近平在北京市考察工作时的讲话，2014年2月25日）

隋唐五代时期，永嘉耕读文化在大一统的时代背景下获得了显著发展，但是，其繁荣发展并形成自己的特色则要迟至宋元时期。进入明清，因受内外客观环境的深刻影响，永嘉乃至整个中国的耕读文化传统均遭遇到工商文明的强力挑战，从而出现衰落、转型，以致再生的漫长发展阶段。

一　宋元时期永嘉耕读文化繁荣发展

1127年，金国完颜氏迫使北宋赵家王朝南渡，史称"建炎南渡"，大批北方大族再次迁入江浙，"四方之民，云集两浙，百倍常时"[①]。南宋建

[①] 李心传：《建炎以来系年要录》，上海古籍出版社1992年版，第226—309页。

炎三年（1129），中原及杭州板荡，宋高宗赵构率领一大批皇室、贵戚、百官和随从流寓温州，一时人满为患。随着人口的大量流入，商铺云集，温州重建三十六坊，城市经济与商业文化迅速发展。据《宋会要辑稿·食货》中记载，早在北宋熙宁十年，永嘉县城税收已经超过明州、台州等地。时任温州知府杨蟠有诗《永嘉》反映了当时永嘉县城的繁荣景象："一片繁华海上头，从来唤作小杭州。水如棋局分街陌，山似屏障绕画楼。"但是温州毕竟地狭人多，"四方流徙尽集于千里之内，而衣冠贵人不知其几族，故以十五州之众当今天下之半。计其地不足以居其半，而米粟布帛之值三倍于旧，鸡豚菜茹、樵薪之鬻五倍于旧，田宅之价十倍于旧，其便利上腴争取而不置者数十倍于旧"[1]。在城镇物价翻飞、生活成本居高不下的背景下，大量人口不得不向周边农村山林地区转移。而温州多台风，且破坏性极强，因此临海、临江平地有时反而既不如温州腹地和山区安全，又不如山区有柴薪之便利，因此在历代原有的山区村落基础之上，新的山区移民村落开始快速增加。例如：原先长期居住于郡城的温州谢灵运家族一部分，正是在这个时候迁居到楠溪江上游定居的。芙蓉、廊下、鹤阳、渠口等村建于北宋，豫章、溪口、岩头、东皋、蓬溪、塘湾等建于南宋，坦下建于元代。唐末五代至南宋持续的高水平移民文化向农村转移，给荒僻的楠溪村落带来了一大批高水平的文化和社会资本，可谓人文荟萃，加之温州城镇开拓与农村垦殖又积累了相当可观的经济资本，两相结合，半耕半读、科举捷报频传的耕读文化蔚然成风，形成了永嘉耕读文化的一次高潮。这也是楠溪江流域文化最灿烂辉煌的一个历史时期。

南宋时陈傅良说家乡"自中兴，永嘉为次辅郡，其选守盖多名卿大夫

---

[1] 《叶适集》卷二《民事中》，中华书局2010年版，第654页。

矣"①，像东晋时一样，南宋时先后来永嘉任太守的张九成、王十朋、楼钥、杨简等人也都十分重视永嘉的人文传统和伦理教化。张九成称赞永嘉是"道德之乡，贤哲相踵，前辈虽往，风流犹存"。他们作为儒家传统思想的代表人物，在担任地方官时无不以礼乐教化为第一要务。

耕读文化的真正形成得益于隋唐的科举取士，特别是北宋仁宗皇帝制定的科举政策。北宋王朝不但规定士子必须在本乡读书应试，而且工商业者及其子弟不得参加科举考试，只许士人和农家子弟应试。如此一来，长期处于社会底层的农家子弟看到了读书入仕、光耀门楣的希望，"朝为田舍郎，暮登天子堂"不再是梦想。于是牛角挂书、柳枝为笔、沙地练字成为一千年来的生活场景，一种能够在耕与读之间良性循环的耕读文化出现了。

永嘉仅在南宋一朝高中进士者就多达464人，其中最为著名的堪为芙蓉村的陈虞之和蓬溪村的李时靖。光绪《永嘉县志·人物》记载："自宋以来，位宰执者六人，侍从台谏五十余人，监司郡守百十余人，可谓盛矣！"当时，豫章村有胡氏一门三代五进士，溪口村有戴氏一门四代六进士，花坦村朱氏和塘湾村郑氏则都有兄弟两进士。北宋时，有程门弟子13人，南宋时有朱门弟子16人。其中，溪口村的戴述、戴迅、戴栩、戴蒙、戴溪、戴侗都是学有所成的理学专家，其中戴侗的《六书故》是难得一见的文字学专著，精深而专门。溪口戴氏大宗祠有楹联曰"入程朱门迭奏埙篪理学渊源双接绪，历南北宋并称邹鲁春宫甲第六登墀"，自得之意溢于言表。上湾村陈揆，既与陈亮同榜及第，又与叶适相与还。芙蓉村陈宝之，绍兴进士，从吕祖谦学，为陈亮诗友。塘湾村的郑伯熊、郑伯英、郑伯海兄弟，则是理学名家，郑伯熊所著的《太平经国之书》注重财政、制

---

① 陈傅良：《温州重修南塘记》，《陈傅良先生文集》，浙江大学出版社1999年版，第494页。

度建设，更成为南宋永嘉经制之学的代表人物之一。乾隆《永嘉县志》记载，朱熹在两浙平路常平盐茶公事任上到访永嘉，先后到岩头村访问当时以理学名世的刘愈（未得值），到谢岙访问谢复经，到溪口访问戴蒙、戴侗和蓬溪的李时靖等人。

王羲之、谢灵运、陶弘景等六朝高士启蒙于前，张九成、王十朋等历代文人化成于后，新旧两种耕读思想随着时间的流逝慢慢浸入楠溪江流域每一个小村落，通过村落规划、房屋建造、礼制教化、生活习俗等诸多形式表现得淋漓尽致，而各姓的宗谱里则毫无例外地都把亦耕亦读的生活理想写进了家训和族规。

永嘉事功之学是永嘉耕读历史文化发展的一个高峰。"伊洛微言持敬始，永嘉前辈读书多。"两宋时，永嘉文风鼎盛、人才辈出，一批仕宦家族开始涌现，并且形成了极具地域色彩的思想流派——永嘉学派。这一学派堪为"温州区域文化的理论总结，也是温州族群的精神概括"[1]。

北宋时，王开祖、林石、丁昌期并称"皇祐三先生"，其中王开祖（1035—1068）被后人推崇为永嘉学派的开山鼻祖，也是温州书院教育的创始者之一。景山先生为皇祐五年（1053）进士，曾任秘书省秘书郎、丽水县主簿。后辞官回乡，在县城东山（今华盖山）创办景山塾，开坛讲学，门庭兴盛，影响了永嘉一代学人，传世《儒志编》即为其门人记录而成的讲稿。在宋代理学初兴之际，他遵循孔孟之道，讲求"心诚则灵""不诚无物"。对于孟子"万物皆备于我"的道德主体性体查入微，认为"天地之化，日用之明，四时之行，万物之变，皆备于我"（《儒志编》首段）。在他看来，成人之道莫非内充仁心，外行仁义，让仁义充塞于天地

---

[1] 林亦修：《温州族群与区域文化研究》，上海三联书店2009年版，第243页。

之间耳。从中可见，王开祖的教学内容简单直接，直指人心，所办书院开创了温州民间举办书院、义塾教育之先河。后来东山书院屡废屡兴，到了清代与中山书院一起成为永嘉县城的教育双璧，影响温属各地，历来是温州人才培育的重镇之一。

之后的"永嘉元丰九先生"（周行己、许景衡、沈躬行、刘安节、刘安上、戴述、赵霄、张辉、蒋元中），在北宋神宗元丰年间入太学，永嘉地域的教育科举水平有了整体性的提升，地域色彩鲜明的永嘉学派初见雏形。在北宋神宗元丰年至哲宗元祐年间，周敦颐、张载、邵雍、程颐、程颢"北宋五子"已经吹响了儒学（道学）复兴的号角，关学、洛学已经蔚为潮流。周行己（1067—1125），十七岁即入太学，先是学习了王安石新学、吕大临关学，后又师从程颐洛学，记录有《程伊川语录》一卷，亦即《程氏遗书》卷十七《伊川先生语三》。元祐六年（1091）进士及第后，担任过盐、酒专卖管理职务，后任太学博士。在改任温州府学教授期间，首次开坛讲学，将北方关、洛之学传入东嘉。由于他属于程氏门人，政治身份属于"旧党"，大观三年（1109）政争失利之后罢官回温。第二次讲学家乡期间，在县城松台山麓兴建浮沚书院，讲授《周易》《礼记》等儒家经典，留有《浮沚集》，使得关、洛之学在当地有了进一步的传播，培养了吴表臣（1084—1150）等多名永嘉后起之秀。

刘安节（1068—1116）、刘安上（1069—1128）"二刘"兄弟，师从"皇祐三先生"之一丁昌期，成长于永嘉枫林东郊狮溪村等地，亦耕亦读，不亦快哉！刘安上对于此种田园耕读生活情景曾留有《东山圣泉》诗云："闻道东山有圣泉，杖藜侵晓到山前。一泓寒玉流无尽，万顷良田大有年。"后来，两人到了洛阳投师程颐，成为洛学门人。在与权臣蔡京等人的斗争过程中，刘安上以谏臣身份公然坦言"吾仇怨满天下矣！然吾职所在，吾无心也"，大义凛然，浩气长存，因而人称刘给谏。小刘先生身居庙堂之际饮水思源，不忘父母养育之恩，在寡母病逝之后不惮路途遥远，扶柩千里将其归葬祖茔。所著《望思亭记》有云："既而望而悲，悲而思，愀然省厥躬，其不忝前人乎？"情真意切，感人至深。中国人历来讲究落叶归根、入土为安，这最为充分地表达了农耕时代的人们对于乡土极为深沉的依赖感和归属感。

到了南宋，尤其是孝宗乾道、淳熙年间（1165—1189），永嘉事功学派、永嘉四灵诗派相继涌现，永嘉耕读文化达到一个高峰。

郑伯熊（1124—1181），永嘉表山人，字景望，与弟郑伯英、堂弟郑伯谦等人以继承和振兴伊洛之学为己任。与弟郑伯英并称"二郑"。郑伯熊因曾任职敷文阁，人称敷文先生。郑氏私淑乡先贤周行己的伊洛之学，有意发扬光大之。在闽中、婺州、临安、宁国等地任职期间，皆设立书院聚众讲学，印刷"二程"著述传播洛学。死后，谥文肃，赠敷文阁待制，归葬乡里。叶适有诗《哭郑丈》："道义秦城重，声名冀马空。河汾谈圣制，邹鲁振儒风！"其弟郑伯英在1163年考中进士后不久就辞官归田，在家乡举办城西义塾，收徒五百余众。"二郑"以及郑伯谦的《太平经国之书》十一卷，皆擅长《周礼》研究，对于永嘉经制之学的形成有直接的影响。[①]《宋史·陈傅良传》中记载："永嘉郑伯熊、薛季宣皆以学行闻，伯熊于古人经制治法，讨论尤精，傅良皆师事之。"郑伯熊有关"古人经制治法"的研究，其实就是指《周礼》中制度性、事务性等内容的发掘利用。例如：郑伯熊在《议财政文》中有关国家财政制度层层递进的议论，就令人耳目一新。他开篇先指出了财政问题的重要性，正所谓"财者，有国之司命；理财者，非可缓之务；议财者，非不之谈也"，批判矛头直指

[①] 参见孙邦金《晚清温州儒家文化与地方社会》，人民出版社2017年版，第80—82页。

功利的儒学教条。他继而指出,"然时世不同,事变非一,古之法不可用于今,犹今之法不可用于古",任何经济财政制度都应该与时俱进,不能泥古不化。当然,郑伯熊在最后辩证地指出,"抑不知先王之法,虽不可遽行,而其遗意犹可言也"。这就是说,虽然中国历代财政经济制度都有不适应时代需求的一面,但是其爱民、养民、富民的理财精神还是值得继承的,相信只要因应环境做出适度调整就可以推陈出新、实现国家财政经济的可持续发展。这种重视实事实功、强调批判继承的治学风格,为永嘉后学陈傅良、叶适以及永康陈亮所继承,才最终发展出一套堪与朱熹、陆九渊等人相颉颃的浙东事功之学。

比郑伯熊稍晚的薛季宣(1134—1173),出身于官宦世家,曾师从程颐弟子袁溉,算是程门的三传弟子,在与朱熹、吕祖谦等一流思想家对话交流过程中,成为永嘉事功学派的主要创始人。宋代新儒学当时被称为"道学",在道器关系上非常强调道的本体性和决定性地位,这在某种程度上造成了这一时代思潮的偏颇之处。正所谓"今之异端,言道不及物"[①],"语道乃不及事……而清淡脱俗之论,诚未能无恶焉"[②],薛季宣很清楚地看到了当时流行的哲学思想过分偏重形上之道而轻视形下器物的偏差。他主张"上形下形,曰道曰器,道无形埒,舍器将安适哉?且道非器可名,然不远物,则常存于形器之内,昧者离器于道,以为非道,非但不能知器,亦不能知道矣"[③]。薛季宣认为,道在器中,道不离器,应该即器而言道,而非离器而言道。形上之道,需要在经验性的实物观察和实事实践中总结经验,形成知识,并最终转换成能够活学活用的智慧。在这种由下而上的认识路线的影响下,薛季宣总是能够结合自己为官的实际经历有感而

[①] 薛季宣:《抵沈叔晦焕书》,《浪语集》卷二十五,文渊阁《四库全书》本。
[②] 同上。
[③] 薛季宣:《答陈同父书》,《浪语集》卷二十三,文渊阁《四库全书》本。

发，议论"见之事功"，多言之有物，贴近实务。正如吕祖谦在《薛常州墓志铭》中所说的那样，"凡可以纾民力者，知无不言"①。具体到义利关系上，薛氏强调"惟知利者为义之和，而后可与共论生财之道"②，与郑伯熊等永嘉学人相类似，都非常一致地强调财政经济以利民生的重要性，奠定了永嘉事功之学和"制度新学"的理论基调。除了在道器关系、义利之辩等问题上敢于提出新见之外，薛季宣涉猎非常广泛，对于当时的和战之争、军事、吏政、人事和财政等社会政治实务皆有自己的思考。陈傅良对于薛季宣的学术思想曾总结道，"公自六经之外，历代史、天官、地理、兵、刑、农下至于隐书小说，靡不搜研采获，不以百氏故废。尤邃于古封建、井田、乡遂、司马之制，务通于今"③。薛季宣居乡期间，曾创设稚新学塾，陈傅良、王楠、薛叔似、徐无德先生从其问学，永嘉学脉愈加广阔。

　　陈傅良（1137—1203），字君举，人称止斋先生。陈氏生于瑞安一个乡村塾师家庭，九岁失怙，幸赖祖母吴氏抚养成人。在学思成长过程中，先后追随同郡前辈郑伯熊、薛季宣等人"讲经制之学，其后文学日进"，最终于乾道六年（1170）34岁时入太学读书。此前为了养家糊口，他曾在瑞安仙岩书院、永嘉城南茶院寺的南湖书社辗转教书，"岁从游者常数百人"，声名鹊起。通籍之后，更是声名闻于天下。从他年少时"我亦婺人子，风雨蔽蓬户"（《送越叔静教授闽中》四首之二）的居乡境遇，到中年登上天子堂，再到暮年"屏居杜门，一意韬晦，榜所屋室曰止斋，日徜徉其间"，上演了一出典型的耕读相伴之人生。陈傅良在郑伯熊、薛季宣等永嘉学人的影响之下，其思想宗旨一言以蔽之，"所贵于儒者，谓其能

---

① 吕祖谦：《东莱集》卷一〇，文渊阁《四库全书》本。
② 薛季宣：《大学解》，《浪语集》卷二十九，文渊阁《四库全书》本。
③ 陈傅良：《薛公行状》，《止斋集》卷五十一，文渊阁《四库全书》本。

通世务，以其所学见之事功"①。当永康陈亮因"义利双行，王霸并用"的观点与朱熹辩论时，陈傅良居间调停，站在"道在器中"、义利兼顾的立场上做出了自成一格的评价。例如：具体到对王安石变法的评价上，陈傅良就敢于与南宋诸儒多排诋熙宁变法的时流意见相左，比较能够客观辩证地看待其得失成败之处。当然，止斋认为"叵只管去理会道理，少间恐流于空虚"，在学术风格上明显倾向于当时整个浙东学术务实经世、不讳言功利的特点。除了较为形而上的哲学思考之外，止斋在史学、社会政治实务等领域皆有建树，并且长期讲学乡里，擅长制义，造育和影响了叶适、蔡幼学、曹叔远、朱黼、周勉、王绰等众多永嘉后学，将永嘉事功之学进一步推向深入，在永嘉学派发展史上具有承前启后的重要地位。

集永嘉学术之大成的叶适（1150—1223），起于微寒，其祖上"无常居，随就随迁，凡迁二十一所"②，最后定居在永嘉县城水心村。他亦耕亦读，终成一代大师，使永嘉学派在南宋学术思想界与朱熹的理学、陆九渊的心学呈三足鼎立之势。叶适童年穷居瑞安时，有幸向邻居家的塾师陈傅良问学，迁居永嘉县城之后仍有机会师从在城南茶院寺讲学的陈傅良。叶适后来在《陈傅良墓志铭》里说"余亦陪公游四十年，教余勤矣"，可见艮斋、止斋的永嘉事功学脉对于叶适的影响至为深巨。当然，同乡先贤周行己、郑伯熊的关洛心性学脉对其亦有重要影响。值得一提的是，叶适成长过程中还曾一度迁居永嘉楠溪山区读书。据叶适《刘子怡墓志铭》记载，他在永嘉师从当地名宿刘愈（1096—1166）学习期间，见到"数其后师儒，美盖有名士也。其论堂肆室皆整，监书法帖皆备"，这从一个侧面反映出当时永嘉楠溪地区耕读文化传统之盛。当时

---

① 陈傅良：《大理寺主簿王宁新知信阳军》，《止斋集》卷十四。
② 叶适：《水心文集》卷二十五《母杜氏墓志》，《叶适集》，中华书局2010年版，第509页。

第三章 永嘉耕读文化传统的成熟和转型

与叶适交游的永嘉楠溪学者中还有戴溪（1144—1215）等人。戴溪是"永嘉元丰九先生"戴述的侄孙，与好友王楠（1143—1217）等人于三溪区的岷冈山隐居，自号岷隐，过着诗礼传家的耕读生活。但是，宋室南迁临安之后，温州等地士人数量急剧增加，据说当时温州一地士人就有数万之巨。可是能够参加礼部考试的解员名额只有寥寥十七个，可见当时科场竞争的激烈程度。"惟有糊名公道在，孤寒亦向此中求"，叶适起自孤寒，科宦荣家是一条至为艰难然而又别无选择的升迁之路。好在叶适游学多年之后，得到了周必大等人保荐，一路过关斩将，于淳熙五年（1178）高中榜眼，遂登天子堂。在赵汝愚和韩侂胄政争中，支持赵汝愚的朱熹等人列名"伪学党籍"，悉数被黜。在五十九人名单中，永嘉学者有九人，除了叶适，还有徐谊、薛叔似、陈傅良、蔡幼学、陈岘、孙元卿、陈武、周端朝等人，永嘉学派已然成为一个地域性群体整体崛起。叶适在开禧北伐前复被起用，在江淮前线面对金兵大举压境而不惧，进行了有效应对，充分表现出永嘉学者能够坐而言、起而行的事功本色。开禧北伐失败之后，身为主战派的叶适于嘉定元年（1208）罢官回乡，住在永嘉县城西南小心村亦耕亦读，一边完成其《习学记言序目》五十卷巨著，一边重拾塾师旧艺授徒讲学，培养了众多学生，直到去世。叶适在哲学、历史、政治、经济和教育领域都有系统的论述，其"既无功利，则道义者乃无用之虚语"的理论气概可以说全面总结和建构了永嘉事功之学的主要思想，堪为永嘉历史上最具代表性亦最有影响力的哲学家和思想家。[①]

[①] 叶适等人的思想主张在此不暇细论，具体可参见周梦江《叶适与永嘉学派》，浙江古籍出版社 2005 年第 2 版；陈安金、王宇《永嘉学派与温州区域文化崛起研究》，人民出版社 2008 年版。

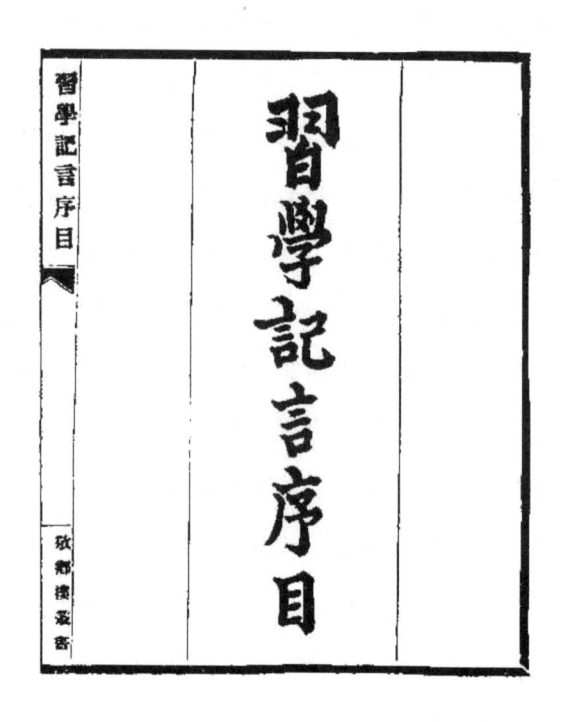

叶适《习学记言序目》（敬乡楼丛书本）书影

永嘉事功之学的现代价值是学界所公认的。严格说来，永嘉之学既不是一种单纯的事功之学，更非现代意义上只讲赚钱的功利主义学说，而是一种"即经以求其制度器数之等"的"制度新学"或者"经制之学"。作为一种制度化儒学，礼学研究尤其是周礼研究历来是永嘉学术的核心内容，不仅为温籍学者的自觉选择，亦为历代士林所认可和推崇。他们前赴后继，依据三礼、春秋等经典中阐发儒家宗法与政治制度之精义，参与议礼，联系实际，在制度化儒学道路上做出诸多可贵的探索。

永嘉学者不好作浮泛之论，非常关注社会现实问题，并作有针对性的研究，提出自己的解决意见。换言之，注重现实问题和实际效果（"事功"）是永嘉之学的一个重要特点。依此说永嘉之学是一种事功之学，还是很有涵盖性的。当然，不能因为永嘉之学讲求经济、富国、强兵、民用、礼法等实际问题，就笼统地认为它只是一种既无形上学基础又无道德关怀的事功之学。叶适确曾批评宋代性理之学，说："专以心性为宗主，虚意多，实力少，测知广，凝聚狭，而尧舜以来内外交相成之道废矣。"①不过，叶适很清楚《大学》与《中庸》中"始止于善，终明于德，不待外物而自为正"之存心养性理论的重要性。他始终强调"于其险也，则果行而育德成己也；于其顺也，则振民而育德成物也"②，认为无论身处顺境还是逆境，"育德"不但不可缺少，而且是"成己""成物"的先决条件。只不过叶适自成一格的义理之学——皇权一元论，是一种与宋明理学主流的道德形而上学与本体论不同的社会历史本体论，表现出了一种与道德理性或实践理性精神不尽相同的历史理性精神。这一"道不离器"本体论，并不反对程朱理学（性理之学），只是试图在社会历史长河中总结出一套普遍规律和历史哲学，以融摄和超越朱、陆等人从性命之学出发的道德本体论。③ 有了这一形而上学基础，永嘉之学便已不再只是一种事功之学，而是一种有体有用、义理与事功兼备的系统哲学建构。丢掉或者避谈道德形而上学基础的永嘉之学，就像缺了一条腿，有如无源之水、无本之木而不可能长久流传。这种理解的偏差，与下面另外一个习见误解的流行也不无关系。

"义利双行，王霸并用"是朱熹送给陈亮的评价，后来也常被用在同属浙学的永嘉之学身上。在儒家义利之辨传统中，"功利"多少偏贬义。叶适说"后世儒者行仲舒之论，既无功利则道义者乃无用之虚语耳"，针对儒学极端漠视功利的偏颇转而强调功利的不可或缺性，这恐怕是永嘉之学被称为功利之学的起因。准确地讲，永嘉之学是功利之学的提法，最早

---

① 叶适：《习学记言序目》卷十四《孟子》，中华书局1977年版，第207页。
② 叶适：《习学记言序目》卷一，中华书局1977年版，第10页。
③ 参见景海峰《叶适的社会历史本体观——以"皇极"概念为中心》，吴光、洪振宁编《叶适与永嘉学派论集》，光明日报出版社2000年版，第253—262页。

源于朱熹的批评。朱熹认定"浙学却专是功利","此意甚可忧","大不成学问"！① 南宋以后，在"此亦一述朱，彼亦一述朱"的"述朱"氛围中，朱熹的意见遂成为此后历代多数学者的定见，牢不可破。近代西学东渐以来，英国功利主义思潮流行于中土，永嘉之学因与之最为接近，遂又被贴上"功利主义"这样一个最时髦的标签。

随着明清商品经济以及商战思想的发展，肯定并重视"利"，兼顾义利之平衡成为中国近代思潮之主流。于是永嘉学派的"以利和义"的兴利学说，在新时代又焕发出跨越历史时空的现实价值。曾国藩作为晚清理学中兴名臣和领袖，也不得不承认："兴利"应是治国平天下应有的基础性条件。他痛感自宋代王安石变法失败以来，士人几乎谈利色变，鲜有谈利之风，遑论公开追求私利甚至公利。在洋务运动中，曾国藩更发现他开始认同叶适的观点，他写道："叶水心尝谓，仁人君子不应置理财于不讲，良为通论。"② 作为曾国藩的后辈，李鸿章比老师更进一步，他为官行事之道无不浸淫着叶适的思想——"既无功利，则道义者乃无用之虚语"。无论是晚清还是改革开放时期，永嘉学派的义利之辨对于破除商品经济发展的观念障碍确曾起到积极正面的启蒙作用。总之，在近代追求富强和经济挂帅的全民运动中，"功利"一词似乎由负面渐趋正面，健谈实事实功实利的永嘉之学又有了用武之地，甚至获得了官、学、商各界的热捧。

可是，《四库全书总目提要·〈永嘉先生八面锋〉提要》说得好："永嘉之学，倡自吕祖谦（疑为薛季宣），和以叶适及傅良，遂于南宋诸儒别为一派。朱子颇以涉于事功为疑。然事功主于经世，功利主于自私，二者似一而实二，未可尽斥永嘉为霸术。……亦未可尽斥永嘉为俗学也。"③

---

① 参见黎靖德编《朱子语类》卷一二三《陈君举》、卷一二二《吕伯恭》，中华书局1986年版。
② 《曾国藩全集》，岳麓书社1992年版，第4272—4273页。
③ 永瑢等：《四库全书总目提要》卷一三五，中华书局1965年版，第1148页。

意思是，永嘉之学仅仅是一种事功之学，与进一步认为永嘉事功之学是一种重利轻义的功利主义，根本是两回事。两种理解都不准确，相对而言，后一庸俗理解要比前一误解离谱得多，性质要严重得多。好谈事功、谈功利者，并不一定是见义忘利之徒，其思想亦不一定是轻义重利的急功近利主义。叶适在《温州新修学记》这一雄文中，清楚地指出"永嘉之学，必兢省以御物欲者，周作于前而郑承于后也"，复又指出"永嘉之学，必弥纶以通世变者，薛经其始而陈纬其终也"。① 只有将"兢省以御物欲"与"弥纶以通世变"两者结合起来，只有将义与利结合起来讲，才能够鸟瞰永嘉之学的全貌。② 如果说轻义重利是对永嘉之学的误解，那么忘义逐利就是错得离谱的抹黑了。永嘉之学在义利问题上，一言以蔽之，要以叶适"古人以利和义，不以义抑利"③一语为标语。这不是师心自用，而是依据"利者，义之和也"（《周易·文言》）之儒家经典立场而得出的结论。叶适"以利和义"的解释，与程颐"不独财利之利，凡有利心便不可。……圣人以义为利，义安处便为利"（《二程遗书》卷十六）相比，孰为儒家经典之正解，孰更合情合理，是一目了然的。正是有鉴于宋儒义利之辨愈加严格、分明，日益呈现出"以义抑利"的道德偏执，永嘉之学才有此救偏之论。"崇义以养利，隆礼以致力""言利则必曰与民"④，又可见其救偏之论并不偏激，而实为兼顾持平之论。对于急功近利之论，叶适当时已经保持足够的警惕："夫偏说鄙论，习熟于天下之耳目，而近功浅利，足

---

① 叶适：《温州新修学记》，《叶适集》卷十，中华书局2010年版，第178页。
② 参见龚鹏程《永嘉学派的真面目》，吴光、洪振宁编《叶适与永嘉学派》，浙江人民出版社2012年版，第15页。
③ 叶适：《习学记言序目·魏志》，中华书局1977年版，第386页。"以利和义"的思想，是永嘉之学的共同基调之一。例如薛季宣《浪语集·大学辨》早有言及："惟知利者为义之和，而后可与其论生财之道。"
④ 叶适：《进卷·士学上》，《水心别集》卷三，《叶适集》，中华书局2010年版，第674—675页。

以动人主之心。于是以智笼愚，以巧使拙，其待天下之薄而疑先王之陋，以为譬若狙猿之牧者，数千百年于此矣，哀哉！"① 如果没有了仁义的内在支撑，没有了礼制的外在约束，以利为义只能是自私争斗，以利治国只能是杂霸之术，终究得不偿失。难怪全祖望有"永嘉功利之说，至水心始一洗之"② 的见地之论。

晚清温州儒学名宿孙锵鸣在其《瑞安重修先师庙碑记》一文中指出，南宋永嘉之学"讨论古今经制治法，纲领条目，兼综毕贯，务使坐而言者可以起而行，与朱子、东莱鼎足为三"③。晚清温州学者对于永嘉之学"坐言起行"的用世精神之总结、绍述和发扬，当是晚清温州维新变法思想高涨、社会改革实践先行的文化资源。

南宋诗坛涌现的"永嘉四灵"（徐照，字灵晖；徐玑，字灵渊；翁卷，字灵舒；赵师秀，字灵秀），同出叶适之门，因为字号中都带有"灵"字，因而得名。他们的诗歌创作反对用典，主张白描，诗风清新自然、平易简约，为世人所称道。大理学家朱熹，任两浙东路常平盐茶公事时，曾多次到楠溪江探访"永嘉四灵"等当地学者。"永嘉四灵"提倡晚唐近体诗，近承江西诗派，开启江湖诗派，有陶翁、小谢之风，在中国诗歌文学史上占有一席之地。四人现传世诗歌共七百余首，多数是吟咏乡土、感怀人生之作，其歌咏如诗如画的永嘉风物，描绘亦耕亦读的田园生活，充满了耕读文化的气息。例如翁卷有诗《乡村四月》云："绿遍山原白满川，子规声里雨如烟。乡村四月闲人少，才了蚕桑又插田。"此诗将农桑生活与自然风光融于一体，对永嘉耕读文化的瞬间定格有强烈的画面感，具有穿越历史时空的艺术魅力。可见以"永嘉四灵"为代表的诗歌文学皆充满着耕

---

① 叶适：《进卷·群德一》，《水心别集》卷一，《叶适集》，中华书局2010年版，第633页。
② 黄宗羲原著，全祖望修补：《宋元学案·水心学案》，中华书局1986年版，第1738页。
③ 孙锵鸣：《瑞安重修先师庙碑记》，《孙锵鸣集》，上海社会科学院出版社2006年版，第110页。

读气息。

仙道宗教文化是耕读历史发展过程中的必然产物。仙道宗教文化亦继续发展，以林灵素（1075—1120）为代表。林灵素传说生有异象，得神霄大法，曾被宋徽宗召问，得宠封官，在全国各州遍立天庆观、神霄宫，后于宣和二年（1120）被逐回温州。林氏继王文卿之后，继承发展了作为道教符箓三派之一的神霄派。神霄派特别重视在修炼内丹的基础之上实现天人一体感应，遂行呼风雨、唤雷电、役鬼神、除灾祸之法。神霄派后来在江南地区十分流行，到了南宋，白玉蟾等人亦兼传神霄五雷神法，后来演化发展十分多元，至明清时期才逐渐式微。

与北方全真派注重内丹清修，多从事诵经超度亡灵等法事相比，温州道教总体上属于南方的正一派，偏重扶乩巫蛊等符箓法事，道士中相当一部分结婚生子，不禁荤酒，更为民间化和世俗化。符箓包括符箓和斋醮两部分，符箓就是用符文咒水给人治病，斋醮就是设置道场，请下仙界的神灵为人消灾赐福。时至今日，内地传来的符箓传统与南方闽越文化的传入，再加之当地民间巫觋文化的影响，温州道教闾山派尤为盛行。闾山派，又称闾山道、闾山教等，最早源于闽越故地的原始宗教，不断吸收与融合道教派系中净明道、灵宝派诸派的宗教形式，逐渐形成一个以福建为中心向外发展的派系，是中国道教的重要流派，供奉闾山九郎为法主。只不过，净明忠孝道以道德伦理为主，而闾山派则是以符咒法术为主，充分体现了南方巫觋文化之遗风。闾山派道士，善于做厾，抓鬼驱祟，属于"武教"。无论是红头道士还是黑头道士，都要学习罡步、书符、口诀密咒、特技等各种道法科仪，学成之后"度师付职"与最后"归班"（有十班之多），十分烦琐漫长。在当下民间红白喜事和宗教习俗场域中，仍旧能够经常看到道士们各种神秘繁复的科仪，这已经成为当地文化谱系中不可或缺的一道风景。例如：从福建传入的陈靖姑信仰，太阴宫、临水庙、娘娘庙等庙观在温州地区十分常见，《灵经大传》等鼓词演唱活动传承不绝，抬神巡境活动更往往是万人空巷。以今观之，无论是佛教、道教、天主教、基督教等制度性宗教，还是祭祀妈祖、陈十四、土地、城隍、百业神以及各种地方神等民间信仰，都不免于神秘性，需要一分为二地看待。但是，各种宗教活动与宗教文化经年日久，盛行不衰，是因为其背后有着广泛的社会文化土壤。在神乎其神的面纱之下，其实承载着老百姓们祈福祛祸、惩恶扬善以求平安祥和的最素朴、最真诚亦最庄严的愿望，可以说宗教文化已经成为耕读文化传统中最神圣的组成部分。因此用社会主义核心价值观适当引导宗教文化正常发展，是传统农耕文化现代转化的重要内容之一。

《琵琶记》是永嘉耕读文化在沉潜中发展的一个重要标志。元代，由于统治阶层强分南北的民族等级制度，中原板荡，教育虽得以一定程度地维系，但是科举仕进却一落千丈，永嘉亦不例外。正所谓"元以腥膻污天下，而温之礼仪文物常常自如，鲜乐仕进"（《弘治温州府志·风俗》），温州读书人退而固守乡土，守先待后，永嘉耕读文化得以在沉潜中发展。其中，元末高则诚（1305—?）的《琵琶记》成为永嘉南戏的经典之作，堪称南戏之祖，写下了温州耕读文化史上浓墨重彩的一章。此处撇开此出南戏的文学艺术性不论，仅从男主人公蔡伯喈"朝为田舍郎，暮登天子堂"的人生轨迹上看，就特别突出地体现了亦耕亦读、耕读荣家的传统生活方式。从价值追求上看，"全忠全孝"的蔡伯喈与"有贞有烈"的赵五娘，并行构成了"孝男并义女"的总体人物架构，再加上极富极贵的牛丞相、施仁施义的张广才等有情有义的人物映衬，体现出儒家忠孝仁义的道德价值。古语有云，男儿志在四方，忠孝自古难以两全，居家耕读侍养父母与考取功名外出为官两者之间、富贵与贫穷之间往往存在着极大张力，难免顾此而失彼。这种农业时代的悲喜剧，可以从男女主人公久别重逢之际的倾诉中看得更真切。

蔡唱：

> 毕竟是文章误我。我误爹娘。
> 毕竟是文章误我。我误妻房。
> 孩儿相误，为功名耽搁了父母。

赵唱：

> 不孝的媳妇，恨当初为我耽误了丈夫。
> 索性做个孝妇贤妻，也落得名标青史。

蔡唱：

> 比似我做个负义亏心台馆客，倒不如守义终身田舍郎。

耕读紧张关系的结局可谓皆大欢喜，蔡伯喈忠孝两全，赵五娘仁至义尽，忠孝仁义的价值观得到了彰显。

高则诚《琵琶记》（上海扫叶山房版）书影

二　明清以后永嘉耕读文化的衰落、转型与再生

自明清以来，伴随着资本主义工商业和商品经济的萌芽发展，"工商皆本"思想日渐流行，农耕经济在国民经济和村民收入来源中的重要地位已经大打折扣，农村人口大规模向城镇流动迁移，农村人口空心化甚至"空心村"现象日渐突出，农村的衰落凋敝似乎已经在所难免。近代以来，随着工业化、城市化和市场化的高歌猛进，乡村变成城镇，农民变成市民，农业的龙头老大地位亦一落千丈，成为一个必需而又占比甚小的传统产业。用法国学者孟德拉斯的话说，这虽然并不意味着农业的终结，但是"农民的终结"——封闭自足的自然小农经济业态、农耕文明和数量庞大的农民阶层日益衰微却在所难免；与此同时，还伴生着"村落的终结"——乡村亦不可避免地在快速消失。①

明清时，温州山地垦殖基本完成，土地拓荒有限而人口在迅速增加，人均土地资源占有率急剧下降，人地关系日趋紧张。正所谓"虽竭力稼穑，仅支一岁之食，山乡悉事陆种，或遇水旱，艰食者多"②，乡村人口在温饱边缘苦苦挣扎。好在温州依山傍海，河网纵横，山水形胜，茶丝渔盐便利，商贾云集，"其货纤靡，其人善贾"，手工业和商贸业历来较为兴盛。楠溪江流域，虽不如瓯江、飞云江宽阔便利，但是永嘉山区的木材、竹子、桐油、木炭、茶叶、山货等随着梭船（舴艋）往来，商品经济有了长足进步，经商人口逐年增多，流动性亦在增加。特别是随着商品经济的不断发展，楠溪江两岸水陆便利之处逐渐有了商业味道极浓的手工业专业村镇出现，作为工农产品集散地的城镇市集活跃程度随之明显增强。农民

---

① 参见李培林《村落的终结：羊城村的故事》，商务印书馆2004年版，第4页。
② 邓淮：《弘治温州府志》卷一《风俗》，另见俞光编《温州古代经济史料汇编》，上海社会科学院出版社2005年版，第5页。

从事商业性手工生产的收入超过从事农业生产的收入，原为家庭副业的家庭手工业变成了主业，农业人口向工商业转移的"乡村市镇化"[①] 和"世农易业"[②] 现象开始常见起来。诸如永嘉上游的木材集散地白沙镇，永嘉中游商业重镇岩头镇和枫林镇等地，都已经初具规模。另外还有一大批专业手艺人开始涌现，如渔口村造船，西岸村做粉干，黄冈村烧缸钵，北山村人精铸炉，茂竹山下出弹棉帮，等等。这些村子多数人主业是经商，并不依靠农业为生，半耕半读变成了亦工亦读，这预示着传统耕读文化的衰落和转型。据塘湾村《棠川郑氏宗谱》记载："精于理财，祖、父无多遗业，翁乃勤俭自持，权其子母，量出入，铢积寸累，握算持筹，不数年而粟陈贯朽，富甲一邑。"而且自明清时期，对外海洋贸易兴则温州兴，对外海洋贸易衰则温州衰的经济格局一经形成，便从根本上动摇了农耕文化中以农为本的这一经济基础，以及文化观念上的农本定见。

此时，耕读文化中的"耕"已经不再局限于农耕这一范畴，而是扩展至工、商等多种治生方式。但无论选择何种治生职业，继而通过兴建文教机构、注重教育、培养读书人积累文化资本这一点则是一以贯之的。

明代温州郡先有何文渊，后有明弘治年间的文林（文徵明之父），对于耕读文化多有强调。其中，文林制定的《族范》在温属各县推行，宗族制度得以进一步强化。

明清时期，楠溪江中游重镇枫林的崛起堪为典型。枫林，从地理交通的位置上看，居于温州、处州、台州的中心，却又山水环绕，晋室南渡以后成为世家大族的避难之所，素有"楠溪第一村""小温州"之称。北宋中期丁昌期在枫林东郊创设醉经堂书院讲学，受其影响的永嘉后学

---

① 李伯重：《理论、方法、发展趋势：中国经济史研究新探》，清华大学出版社2002年版，第50页。

② 语出刘基《郁离子·世农易业》。

颇众。崇宁年间，有浦北街的黄氏书塾以及柯氏的牡丹诗会等专业文教设施。据枫林《徐氏宗谱》记载："至第七世公仪，因避瘟疫于北宋崇宁丙戌年迁居枫林，后仪公以咏牡丹诗被柯氏赏识，入赘柯门。"枫林徐氏始祖公徐公仪（1086—1156）当时担任黄氏书塾塾师，参与牡丹诗会时，受黄氏赏识而入赘柯门。枫林一地到了南宋，有刘进之的法慧书院，徐氏的慥堂书院等，对于永嘉学派的形成多有贡献。到了明代，圣旨门街成为楠溪流域最繁华的商业街。到了晚清，徐氏几乎主导了整个枫林镇的商业版图，涉及医药、染织、金银、食品和日用百货等各行各业。由此可见，枫林徐氏经过几百年的繁衍和积累，终于成为当地最为著名的望族。

永嘉枫林老街

明清两代很长一段时间，朝廷在东南沿海厉行禁海政策，倭患和海盗走私活动猖獗。但随着清代中后期海疆政策的不断调整，沿海及河口对外贸易的便利条件开始凸显，经济重心向沿海和沿江地带转移。例如：瓯江南岸、东海之滨的永强，在当地盐场经济等支柱性产业的支撑下，永强王叔果、王叔杲等王氏家庭，普门张璁等张氏家庭等宗族文化强势崛起。到了清代解除海禁之后，海外贸易开始复苏，温州文运南移，瑞安一地人才辈出，一时无两。整个明代，永嘉科名一落千丈，只有花坦村出了几位进士。到了清代，整个永嘉统共也才出了 11 位进士。

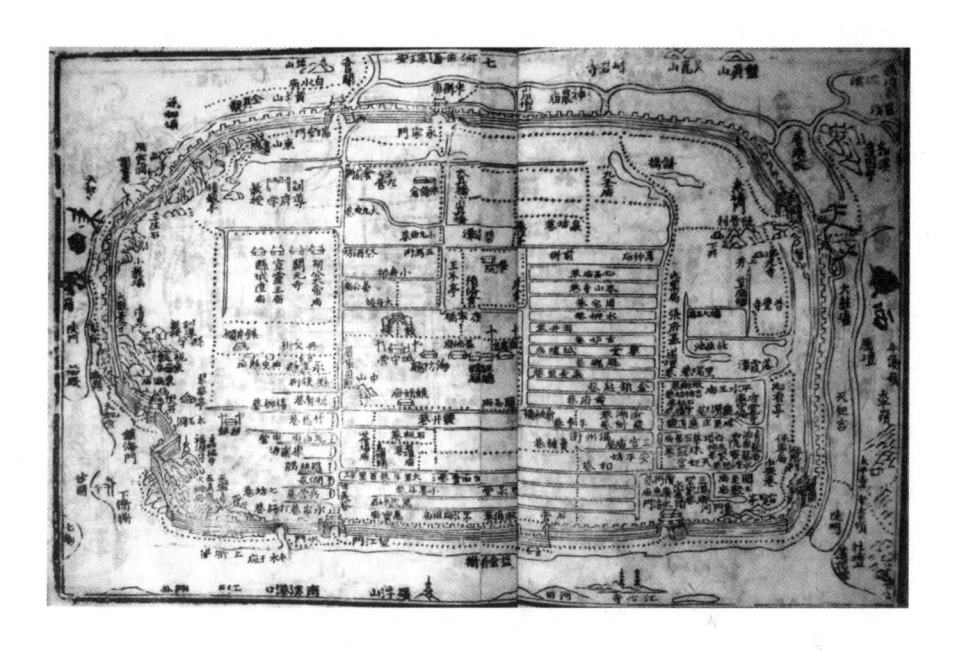

温州古城城池坊巷图（1882 年）

到了晚清时期，尤其是 1876 年温州开埠之后，外来工商文明开始在永嘉等地大行其道，刷新着人们的观感。光绪三年（1877），即温州正式开埠当年，瓯海关报告中的《温州府城图》中就已经详细标注了瓯海关、大英公所、大英租界、大英圣人耶稣教堂以及美溢洋行等涉外政治、经济与文教的机构。① 再比较光绪八年（1882）的《温州古城城池坊巷图》与民国十四年（1925）、民国十七年（1928）、民国二十二年（1933）屡次修订再版的《永嘉县城区全图》，更可以看出晚清民初温州风土景物的诸多变

---

① 钟翀：《温州历代地图集》，上海社会科学院出版社 2014 年版，第 69 页。

化。在城区中央，华盖山西侧，原来的温处道府邸，民国初年改成了瓯海关署，后又成为驻军司令部。城北沿瓯江一带，布满了新建的"招商局码头"等现代航运设施。图上突出标记的银行、工厂、商店以及19个行业公会，显示近代温州工商业的成长与繁荣。① 除温州本帮人之外，台州人（宁帮）、处州人（处帮）、宁波人（宁帮）、福建人（闽帮）、湖州人等外地人经营的药堂、钱庄、花纱店、南货店、官银号等，还有英、美、日各国在温州设立的洋行、火油公司、烟草公司、肥皂公司、炼乳公司等，十分繁荣。1906年，清政府改商部为农工商部，要求各乡镇"凡有商铺汇聚之处，次第筹设公会之分会，隶属于县城分会"，温州商会应运而生。尤其是在文教机构聚集区的城东南片，在原来的城隍庙、文昌庙、府学、县学和东山书院之间，花园巷教会与教会医院的"十"字架标志杂陈其间，提醒我们这已经是一个信仰和文化错综的时代。② 可以说，晚清温州自开埠之后，文化气象为之一新，温州文化开始真正步入一个"中西之交汇"的新时代。

一直以来，"乡村"与"城市"，"乡下人"与"城里人"是一对褒贬鲜明、差距明显的概念，农耕文明被当作一种落后于工业文明的文明形态来看待，农村通常是经济落后、生活粗陋和精神贫乏的代名词。似乎只有让农村消失，全部变成城镇，中国才可能实现现代化。

在农耕文明向工业文明转型的大背景之下，现代工业化生活方式和城镇化的人居方式因其有很多优点，使得明清时期才成为支配性模式的"男耕女织"的田园生活方式③已不再是人们的最大向往。人口迁移过程中，

---

① 参见洪振宁《温州近代化历程珍贵记录——民国〈永嘉县城区全图〉解读》，《温州日报》2014年5月1日。1933年地图实际上是1925年《永嘉县城区全图》的第三版，地物表现上均有所差别，同为黄聘珍所制。参见钟翀《温州历代地图集》，上海社会科学院出版社2014年版，第74—77页。
② 参见丁海涵《近现代绘画视野中的永嘉山水》，浙江人民出版社2013年版，第76—79页。
③ 李伯重：《从"夫妇并作"到"男耕女织"》，《中国经济史研究》1996年第3期。

一般是男人先外出打工或经商，女人、老人和儿童留在农村，待有余力之后再整个家庭连根拔起迁入城镇。有研究显示，早在20世纪30年代的江南地区，进城务工的男子中间"百分之九十以上是把妻子儿女（假如他们有的话）丢在农村里面的"①。同一时期的上海宝山，"资本主义的煤灰逐渐破坏了这平静的田园生活，转移了自来男耕女织的旧习"，"家家都把布机纺车停止起来，藏到灰尘堆里去了。因之多数女人，都抛下梭子，去做'男人家'的事，即做长工，当'脚色'，而男人们的劳力反转渐渐感多余无用起来"②。

工业化对于农耕文明的冲击不是一蹴而就的，有一个由少而多，由沿海而内地，由慢而快日渐加速的过程。从整体上看，耕读文化日渐衰落，甚至在有些地方村落要么是远在深山无人问，破败凋敝；要么变成了"空心村"，已经开始自然死亡；要么是通过人为拆建归并，已经大规模地城镇化，失去了传统村落的模样，没有了传统乡村的味道。既然村落正以惊人的速度消失，而以传统村落为载体的耕读文化自然亦面临着可持续发展和自我再生障碍的危机，甚至土崩瓦解而不复存在。无论这种乡村及其文明形态的衰落过程是人为推动的还是自然而然的，其中都有不以人的主观意志、怀旧情绪和历史情结为转移的客观原因。尤其是农村精英和知识阶层集体逃离乡土，乡村文化已经缺少其生产、传播和再生的主体，随着商品经济的市场原则在乡村的全面渗透，耕读文化目前已被边缘化、空心化、功利化和庸俗化，濒临放任自流、自生自灭的困境。但是正如社会学家李培林说的那样，"它们悄悄逝去，没有挽歌，没有诔文，没有祭礼，甚至没有告别或送别，有的只是在它的废墟上新建的文明的奠基、落成仪式和伴随的欢呼。人们似乎忘却或忽略了，

---

① 陈碧云：《农村破产与农村妇女》，《东方杂志》1935年第32卷第5期。
② 陈凡：《宝山农村的副业》，《东方杂志》1935年第32卷第18期。

在故去的老人和新生的婴儿之间存在的继替关系,以及后者的血脉和身躯里依旧流淌着和生存着祖辈的血液和基因"[①]。在新时期形势下,传统耕读文化如何实现"创造性转化"和"创新性发展",已成为新乡土中国建设中迫在眉睫的一件事。

---

① 李培林:《村落的终结——羊城村的故事》,商务印书馆2004年版,第1页。

第四章　永嘉耕读文化资源的分类及特征

要系统梳理传统文化资源，让收藏在禁宫里的文物、陈列在广阔大地上的遗产、书写在古籍里的文字都活起来。

抛弃传统、丢掉根本，就等于割断了自己的精神命脉。博大精深的中华优秀传统文化是我们在世界文化激荡中站稳脚跟的根基。

(《习近平谈治国理政》，外文出版社 2014 年版)

中国是拥有五千多年历史的文明古国，文化遗产数量众多。据相关部门的统计资料显示，中国目前已经记录在案的固定文物达四十余万处，有近七万处被列为各级文物保护单位，其中半数以上分布在中国广大的乡村地区。正所谓"乡土文化万万千，十里八里不一般"，在数千年的农耕文明发展过程中，农村作为最基本的社会单元，形成了独具特色的中国耕读文化。2013 年，习近平在谈到如何提高国家文化软实力时特别指出，"要系统梳理传统文化资源，让收藏在禁宫里的文物、陈列在广阔大地上的遗产、书写在古籍里的文字都活起来"[1]。乡村耕读文化的传承、发展和重建又何尝不是如此？

---

[1] 《习近平谈治国理政》，外文出版社 2014 年版，第 160—161 页。

一　识别耕读文化资源的基本方法

马林诺夫斯基在为费孝通《江村经济》一书作序时指出："通过熟悉一个小村落的生活，我们犹如在显微镜下看到了整个中国的缩影。"① 中国乡村地区不同时代的人为了适应环境，依托一定的地理条件和物质基础，在历史中形成的文化有机体，"包括物质文化和精神文化在内的多层次的复合体，涵盖知识、风俗、思想、道德、制度、价值观念、生活方式等一切方面"②。乡村耕读文化贯注了先民先贤的心血，熔铸着悠久的集体记忆和乡愁，是我们几千年文化的活化石，类型众多，内涵丰富，具有强烈的"弥散性"。从不成文的风土人情到成文的族谱家规，再到有形的聚落格局和建筑样式，几乎无所不包。它既有物质性的层面，也有非物质性的层面；既有有形的层面，亦有无形的层面；既有可再生的成分，也有不可再生的成分。

首先，从内容和形式上看，乡村传统文化符号可分为物质文化和非物质文化两大类别。简言之，物质性文化遗产，包括建筑、村落、道路和水系等。例如：位于岩头镇芙蓉村的永嘉耕读馆中展出的楠溪江流域民间生产、生活用品多属于此类物质性遗存。既有刻诗暖酒壶及杯、碗、罐等日常生活用的陶瓷器物，也有石臼、风车和称粮食用的大铜秤等农耕生产工具。非物质文化遗产，据《世界非物质文化遗产公约》可分为六种类型：口头传统，包括作为文化载体的方言；传统表演艺术，如戏曲杂技等；节庆、风俗和礼仪；有关自然界和宇宙的民间传统知识和实践；传统手工艺技能；与上述表现形式相关的文化空间或场所。我国的非物质文化遗产保护则根据具体国情，细分成十大类别：民间文学、传统音乐、传统舞蹈、

---

① 参见费孝通《江村经济》，北京大学出版社2012年版，第6页。
② 周军：《中国现代化与乡村文化重构》，中国社会科学出版社2012年版，第37页。

传统戏剧、曲艺、竞技与杂技、传统美术、传统技艺、传统医药和民俗。根据以上分类，传统耕读村落显然是物质遗产和非物质遗产兼而有之且融为一体不可分割的文化遗产类型，既不是单纯的物质性文化遗产，亦不全是非物质性文化遗产。用冯骥才的话来讲，它是"不同于物质遗产和非物质遗产的另一类文化遗产"①，或者第三种文化遗产。

其次，也可以将其分为有形文化资源与无形文化资源两种类型。其中有形的物质文化资源，包括传统特色街区院落、民居建筑、宗祠祠堂、历史遗址、文物古迹、文化名城、古旧驿道、地方碑志、戏台庙宇、特色服饰、民间工艺，以及能够体现特定历史阶段生产生活特点的日常用品和工具、传统农耕用具、楹联、模具等。无形的文化资源则包括方言、谚语、字谜、民谣等语言文字、神话传说，以及风俗习惯、民族节庆、宗族牒谱、乡规民约、家训族规、家教家风、传统结社、戏曲文艺、乡志村史等。

最后，也可以从功能上将其分为生产型、生活型和信仰型三种类型。要言之，村落作为一个有机生态系统，它是由自然环境、经济环境和社会组织环境三个层次构成的复合结构或文化生态系统。笔者以为，可以大致将其中的耕读文化资源分成以下几类。一是生产型文化资源，包括农民生产过程中与农耕文化相关的景观，如陡门、围堰、水车、梯田、作坊以及各种桃花节、梨花节、开渔节等农业景观。平原、丘陵、山区、草原、林区、北方丘陵地带以及南方水乡皆会因其地理气候条件的不同，呈现出各不相同的生产景观。永嘉地区的古村落多属以农耕为主，兼及商业的集居型。二是生活型文化资源，包括点缀在山水田园之间的庭院建筑及其聚落形态，如各有地方特色的民居群落以及各种公共休闲场所。从空间形态上看，有些村落比较紧凑和有规则，而有些村落则比较松散和不规则；有些

---

① 冯骥才：《传统村落的困境与出路——兼谈传统村落类文化遗产》，《人民日报》2012年7月12日。

呈团形，有些呈带形，有些则呈环状。三是信仰型文化资源，包括书院、牌楼、宗祠、庙宇、祭坛、戏台、亭阁、墓刻等有形的文化遗产，婚丧嫁娶、节庆庙会、迎神赛会等活动及其中所蕴含的习俗、信仰和传统技艺等非物质性文化遗产。[①]

此外，还可以从文化传承的角度，将乡村传统文化符号分为可再生的与不可再生的。多数物质性的文化资源属于不可再生的传统文化符号，而非物质文化资源则可以通过传承而得以延续和再生。

永嘉古戏台（孙邦金 摄）

总之，借用文化分层来看，传统耕读文化起码包括自成一体的村落聚居形态和村民生产生活等人居环境，农耕物质性活动与读书文化性活动并存的社会活动与行为模式，由家庭、宗族、邻里等单元组成的血缘性和地

[①] 参见朱启臻等《留住美丽乡村——乡村存在的价值》，北京大学出版社2014年版，第26—27页。

缘性的熟人社会及其组织形态，乡规民约、族规族范等制度规范，重农务本、耕读传家的文化心理、民间信仰和价值取向等具体内涵。

二　永嘉耕读文化资源的具体分类

关于永嘉耕读文化资源的分类，这里着重从内容和形式的维度将之区分为生态环境资源、物质性耕读文化资源和非物质性耕读文化资源三大类。

第一，生态环境资源。永嘉山水虽然不能直接归入永嘉耕读文化的范畴，却是永嘉耕读文化得以形成和发展的自然环境条件，故而是耕读文化保护、利用和开发的首要问题。楠溪江古村落之所以成为中国耕读文化的经典遗存，首先应归功于这里优越的自然地理环境。楠溪江是永嘉县域的母亲河，干流长145千米，流域面积达2429平方千米。楠溪江的中下游干流叫大楠溪，西侧有支流叫小楠溪，东侧则有珍溪、鹤盛溪等支流。该流域地处亚热带海洋性季风气候区，无霜期长达300天，降水充沛。雁荡山、括苍山、天台山三条山脉呈西南—东北走向，平均间隔约100千米，其中间为极其有限的溪谷平地，有"八山一水一分田"之称，但这少许平地成为永嘉先民农耕开发的主要地区。它与温州瑞平一带的平原耕作模式与温州沿海地区的滨海渔盐作业模式不尽相同，由于坡陡地狭，养活人口有限，因此永嘉地区的村落族群分散点缀于永嘉山水之间，虽"无积聚而多贫"（《史记·货殖列传》），但亦落得隐蔽、自得而从容。它很早就被称为"欲界之仙都"，不是没有理由的。正所谓"绿水青山就是金山银山"，今天我们谈论耕读文化的赓续与再造，保护、利用好永嘉这片得天独厚的山、水、林、田、湖、草等自然生态资源是根本前提。若将打造雁山楠水的自然景区，与保护利用耕读古村落文化有机结合起来，将是打造楠溪江全域旅游的一张金名片。

永嘉诗画乡村（叶新人 摄）

第二，物质性耕读文化资源。永嘉依雁荡山脉，傍楠溪江水，孕育出的古村落是永嘉耕读文化的鲜明见证。作为国内唯一成片的"中国景观古村落群"和浙江历史文化保护区，古民居、古书院、古祠堂、古戏台、古亭台、古桥、古堰比比皆是，这些无疑是永嘉耕读文化资源最显著、最核心的要素。

据统计，永嘉县境内有古村落220余座，较为知名的有屿北村、苍坡村、芙蓉村、岩头村、埭头村、茶园坑、暨家寨、林坑、花坦村等。其中，芙蓉村、埭头村、屿北村、茶园坑、暨家寨、林坑等村先后入选中国景观村名录。芙蓉村古建筑群被列为全国重点文物保护单位，屿北村入选第五批"中国历史文化名村"。

在诸多耕读古村落中，最具耕读文化象征意味的是宋代始建的苍坡村。苍坡村虽地处山脚之下的一片稻田之中，村内却一派读书人的建筑意象，充满了亦耕亦读的古朴韵味。作为楠溪江古村落里最能体现耕读文化思想的古村落，整个村落是以笔墨纸砚——中国文人必不可少的"文房四宝"来规划构建的。进门一条笔直的石板路纵贯全村，正对着笔架山，是为笔。村西有座山，三峰并肩而立，自然就成了苍坡村读书人不用花钱置办的笔架。村口延伸及道路两侧有莲池，名为砚池。笔架山正好倒映在砚池里，于是就有了"文笔蘸墨"的景观。砚池中间有一座石桥，由五块大小均匀、长好几米的石条搭成，形似墨锭。用鹅卵石垒起的院落和一条条街巷俨然是一张张等待书写的白纸。笔架山、砚池、笔街、墨锭石、好似笺纸方格的民居，这一切无不寄托了历代楠溪江人亦耕亦读的生活理想。迄今为止，苍坡村仍旧基本保持了南宋建村时的风貌，成为中国耕读古村落文化的一个活化石，一个永恒经典。

芙蓉峰下芙蓉村（孙邦金 摄）

还有取意"七星八斗"天象的芙蓉村，也堪为楠溪江古村落的一个典型缩影。它的建筑以活水和村巷相勾连成一个有机整体，融自然美、人工美和艺术美为一体，体现了芙蓉村人独到的建筑美学，充分体现了人与自然和谐相处、天人合一的哲学智慧。特别是以水池与亭子为中心的公共休闲中心，近有邻里谈天说地，远眺芙蓉连绵山峦，相互交织在一起，组成了一个完整的自给自足的"耕读社会"。

在农业社会，"耕读传家"是大多数人根深蒂固的生活理想。宗谱族规里也都明确规定："凡吾子弟，为士者须笃志苦学，以求仕进；为农者须勤耕贸迁，以成家业；即甚贫者，亦宜清白自守，切不可习为下流，玷坏家声……"耕是生活之本，读书是农民进入上层社会唯一的通道。教育子弟读书是整个宗族共同的大事，因此，各个宗族都规定了延师办学、鼓励并资助子弟读书、贴补考试费用等详细办法，还为这些开销专门设了公有的学田，永世不得变卖。在楠溪江流域更是得到了永嘉历任长官的特别关注，因为唯有提倡读书进仕才能抚平当地强悍的民风。苍坡村宗谱族规也有类似明文规定："耕为本务，读可荣身，勿游手好闲，自弃耻辱，少壮荡废，老悔莫及。"传说受九世祖李嵩邀请，参与苍坡村规划设计的国师李时日当年曾在溪门上题了一副对联："四壁青山藏虎豹，双池碧水储蛟龙。"苍坡村李氏一族，果然不负祖先所望，不但出了楠溪江第一位进士，在十一世还有过一门两进士的荣耀，续写着楠溪流域耕读传家的文化传统。

第三，非物质性耕读文化资源。永嘉的耕读文化源远流长，既创造出了丰厚的物质遗产，也留下了丰富多彩的精神文化遗产。在楠溪江耕读世家的易代传递过程中，无不奉行"诗礼传家""忠义传家""勤俭持家""耕为本务，读可荣身"的信条，开创了历史悠久的亦耕亦读的区域性农耕文明和地方性知识传承。其中包括民谚传说、道教科书、地方戏曲、善书宝卷、宗族家谱、田房契约、碑刻楹联、历书日记、节庆仪规、宗教民俗等包罗万象的地方性知识。这些精神文化娱乐样式以及风俗习惯虽然多不能登上大雅之堂，但通过文化人类学家吉尔兹的"文化深描"就可以发现，当它们聚在一起构成了一个地方无形的默会知识时，会"日用常行而不觉"地影响着人们生活的方方面面。例如：永嘉各地土地信仰（神）十分盛行，呈现出一种中国传统"弥散性宗教"文化之特质。《太平寰宇记》江南东道"温州风俗"条有曰："俗好淫祀，有瓯越之风。"明代胡用实《禁异端正礼俗约》又有记载："本县俗尚鬼巫，崇信佛老，凡有丧祭，藐弃家礼，率用浮屠，杂以黄冠，钟磬之声达于旦夕，甚乖旧称邹鲁之意。行乡约，长训谕，总甲人等访查呈举究治。"[1] 毋庸讳言，崇尚佛老，好淫祀，以及安葬、祭奠、占卜、看相、堪舆等社会民俗中有不少迷信的成分，礼仪仪式与精神性消费增加了人们的经济压力，也在一定程度上"甚乖旧称邹鲁之意"，但是事实上当地人几乎无人不信，影响深远而广泛。细究起来，其拥有强大悠久的生命力不是没有理由的，因为民众的日常生活、婚丧嫁娶以及节庆民众活动，无不渗透着这些民间信仰因素。正如谭其骧所言，除了孔孟四书五经之外，民众心目中更多的是菩萨神仙，除此之外，"还有形形色色数不清的各种迷信，如算命、看相、起课、拆字、堪舆、扶乩、请神、捉鬼等等，无一不广泛流传，深入人心"[2]。这些草根性的非物质性文化遗产，不应一股脑儿地被视为封建残余，而应该积极引导其与社会主义先进文化相适应，继续让其为人们日常生活服务。

---

[1] 《乾隆温州府志》卷十四《风俗》，上海书店出版社1993年版，第178页。
[2] 谭其骧：《中国文化的时代差异与地区差异》，《复旦学报》（社会科学版）1986年第2期。

古韵生辉

当然，永嘉耕读文化中除了草根性的非物质性文化遗产之外，最难能可贵的是它还能够结合本土意识进行哲学提炼和美学升华。这主要表现为永嘉学派的事功哲学和山水诗、南戏的审美艺术。这是区域文化从自发向自觉的深层推进，是耕读文化最高层次的精华结晶，因为缺少哲学与艺术引领的耕读文化，通常会呈现出一盘散沙、平淡无奇的状态。乡村是中华优秀传统文化的根基所在，永嘉作为中国耕读文化之乡，既有自发的草根性，又有自觉的思想性和艺术性，是一个具有完整文化生态链的地方文化聚落形态。因此，研究推进以永嘉学派、永嘉山水诗、南戏等为主要代表的楠溪耕读文化的创造性转化和创新性发展，当是打造"两富浙江"典型样板的有效方式。

三　永嘉耕读文化的基本特征

乡村传统文化符号虽然因时因地而呈现出不同的地方特色，并且处于一个不断变化的动态过程之中，但大都呈现出以下三个较普遍而稳定的特征。

首先是历史累积而成的绵延性。时代脉搏频频跳动，社会发展依次向前，一代人创造出一代人的文化。昨天的文化在今天成了传统，今天的文化在明天亦复如是。中华民族世世代代通过层层累积创造了光辉灿烂的中华文明。那些优秀的文化符号久经风雨被人们保存下来，加以传承，那些经不起历史沉淀的文化符号便遭到抛弃。乡村中的传统文化符号更是如此，有能够传承下来且至今非常流行的，也有保存下来但不再受百姓青睐的。应该承认的是，存在的都有其合理性，其中大多数都是饱经历史风霜的农耕文明之精华，值得珍惜。

其次是约定俗成的民间共享性。无论是无形的表演艺术、社会风俗、传统礼仪或节庆，还是有形的亭台庙宇、古寺草堂，它们都是基层民众经过长期累积而共同创造出来的，而它们一旦被创造出来就是面向大众的。乡村文化传统由于是民众自发参与创造的结果，表现出一种普惠包容之性格，具有一种自发顽强的草根力量。当然，也正是由于这种民间自发性、共享性和非独占性，一旦农村传统文化符号的传承遭受外来破坏性压力时，便很难找到清晰的责任主体来抵制这种力量。有学者认为，政府才是农村传统文化符号的责任主体，应该承担起乡村文化建设的重任。我们认为，政府在乡村传统文化的活化与传承方面的引领作用的确十分关键，但是政府在引领乡村文化建设的过程中，应该准确定位在积极参与、引导和协调各方力量，让乡村文化回归民众自觉、自治的本来面目，而非越俎代庖，大揽包办。乡村社会拥有超强的民间自组织能力，只要环境允许，就会表现出强烈的文化参与热情和创造性力量。因此我们应避免一味地用行政方式不恰当地进行政治干预，甚至以政治意识形态的简单灌输代替乡村历久弥新的文明教化。

最后是具有很强的伸缩性。农村传统文化因时而异、因地而异，无论它以哪一种文化符号的形式出现，均承载着一定与特定时空条件相适应的人文内涵。它所使用的载体、形式和具体内容可能是特定时空条件下的产物，会因时代而有所变化甚至被淘汰，但其所反映的心理习惯、道德教训、审美标准等作为一种人文常识则具有了超越时空的价值。一旦社会条件发生激烈变化，农村既有的传统文化符号就有可能面临消亡的危机，这时就需要政府以建设性的，有意识地构建一种文化自觉来传承文化，维系社会精神土壤的丰厚性及连续性。

仅就永嘉耕读文化这个区域性小传统而言，它既带有中国传统耕读文化的普遍特征，也表现出自身独特的地域个性和风情。要言之，永嘉耕读文化在其孕育发展过程中还具有三个特别鲜明的地域性特质。

一是尊重自然。即便是永嘉农业比较发达、人口比较集聚的地方，亦大都位于山间错落的大大小小的盆地之上，青山为屏，绿水环绕，青石匝地，人们诗意地栖居在青山绿水之间，让永嘉山水与人文环境浑然一体，人居环境天人合一，美不胜收。

二是注重教育。耕读传家的社会再生产主要是依靠文化教育资本积累实现的，因此教育科举在耕读聚落中的重要性是不言而喻的。文林《族范》中对此有过深刻认知："不学则夷乎物，学则可以立，故学不亦大乎。学者尽人事所以助乎天也。天设其伦，非学莫能敦；人有恒纪，非学莫能叙。贤者由学以明，不学者废学以昏。大匠成室，材木盈前，程度去取而不乱者，由绳墨之素定。君子监事而不骇，制度而不扰者，非学安能定其

永嘉梯田风光（谢文东 摄）

心哉。是故学者君子之绳墨也。"永嘉县内世家大族较多，如枫林徐氏、岩头金氏、芙蓉陈氏、苍坡李氏、花坦朱氏、溪口戴氏、鹤阳谢氏等，都是本地的名门望族，他们无一例外地强调读书的重要性，都曾举全族之力举办书院、义塾、族学和文化结社，以造育人才。《鹤阳谢氏宗谱·义学条规》中规定："义学之设，原为国家树人至计，非以为后生习浮艳、取青紫已也。……凡肄业弟子,必须一举足疾徐,一语言进止,事事雍容审详、安雅冲和。"康熙《岩头金氏宗谱·谱叙》里亦有类似记载:"贤哲代生,规模宏远……开渠筑堤,以备旱潦。创谱牒,建宗祠,置祀田以资盥荐,置义田以裕读书,嗣是人文丕振,簪缨继起。"为了让本族子弟读书入仕,楠溪江沿岸的各个村落纷纷置义田,建书院。芙蓉村的芙蓉书院、溪口村的东山书院、朱垟村的白岩书院、花坦村的凤南书院、豫章村的石马书院,都是江浙一带非常著名的书院。东山书院是南宋进士、曾任太子讲读的著名理学家戴蒙创办的,由于成绩斐然,宋光宗御笔赐"明文"二字匾,于是改称"明文书院"。蓬溪村近云山舍有门楹曰"忠孝持家远,诗书处世长",据说为朱熹所题写。楠溪江不少书院都有名人学者主持,如建于南宋时的芙蓉书院,经常延请宿儒名师主持,"家重师儒,人尚礼教,弦诵之声,遍于闾里"。在楠溪江最普遍的还是由宗族和房支兴办的以科考为目的的义塾,如岩头村的书亭书院、芙蓉村司马第外院左侧的学塾等。"永嘉自古读书多",正是不间断的文化教育资源的投入,才有了芙蓉村18人在朝为官(南宋理宗年间,史称"十八金带")的传奇,才有了豫章村胡氏一门三代五进士、溪口村戴氏一族四代六进士、塘湾村郑波熊三兄弟先后考中进士的盛事。南宋楠溪江流域,几乎每个小村子都有书院,都出进士,虽难以想象,但绝非虚言。大约自唐宋时期,尤其是大批士族南渡之后的南宋时期,永嘉人口集聚和山区农业开发能力达到一定水平,较为典型和稳固的农耕文明氛围才大致形成。据统计,自唐天祐三年至清光绪十八年的987年间,永嘉考取进士725名;南宋时尤为突出,有563名。南宋时期,是整个温州文化发展史上空前绝后的一个高潮期,也是永嘉一地农耕文化的一个高潮期。据《乾隆永嘉县志》记载:"自宋代以来,位宰执者六人,侍从、台谏五十人,监司、郡守百十余人。"仅宋朝永嘉就出状元12名,芙蓉村同朝"十余金带",豫章村有"一门三代五进士",溪口村戴氏"一门六进士",楠溪江流域文风之盛可见一斑。正如章伦有联曰:"邹鲁号溪山,道统儒门双接绪;程朱传理学,春宫第甲六登墀。"在农耕文明提供了基本的生存条件之后,经过长期不懈的文化教育投入与积累,终于在科举功名道路上收获了巨大的政治、文化和社会资本。"维桑与梓,必恭敬止",这些资本又反哺当地社会,使得农耕条件、人居环境、书院教育和政治资源之间形成了一种良性循环。

三是化礼成俗。"耕"文化的内涵十分丰富,包含做人、行事、信仰各个方面,如敬天、敬地、敬自然,尊老、孝亲、敬师长等。"耕"文化早期倡导勤劳耕作、自食其力的自立精神,强调"不耕无食,无耕无衣";后来发展到"以耕养读,勤耕立家,苦读荣身"的耕读文化,强调读书求变的思想;再后来又上升到"耕者有其田""耕读传家"的人本精神,追求人人平等的崇高理想。总之,孝、悌、忠、信、礼、义、廉、耻的儒家道德教化,是耕读文化的基本价值取向和精神内涵。遍布村落亭台楼阁之上的,多是孝悌为本、诚实守信、勤俭持家、诗礼传家、光宗耀祖、精忠报国、天人合一之类的字眼,它们表达了耕读文化的主流价值观和家国理想。

在此,仅撷取楠溪耕读文化中连绵不绝的忠义报国理念为例。早在南宋永嘉学派的著述里,"报仇明耻,贵夏贱夷"的民族与正统思想已有充分的彰显。叶适在给平阳朱黼的《纪年备遗》作序时指出,"孔子殁,统纪之学废;经史文辞裂而为三。……而问学统纪之辨,不可杂也。平阳朱黼,因《通鉴》《稽古录》,章别论著,始尧舜,迄五代,三千余篇,述吕武、王莽、曹丕、朱温,皆削其纪年以从正统,曰吾为书之志也,书法无大于此矣。报仇明耻,贵夏贱夷其次也"(叶适:《纪年备遗序》,《水心文集》卷十二)。南宋温州平阳人朱黼所著《纪年备遗》一百卷,"谓为史评家一大撰述,原可与袁机仲之《通览纪事本末》、胡身之《通览注》、严永思之《考证》,鼎足为三",堪为"温州地区巨大文献"。①朱黼,字文昭,从陈止斋学。《宋史·艺文志》史抄类另有《纪年统纪论》一卷,是书为撷取《通鉴》《稽古录》等书中论及正统之文字的精编本。《纪年备遗》一百卷,现只存《(三国六朝五代)纪年总辨》二十八卷节刊本。叶适序中认为"述吕武、王莽、曹丕、朱温,皆削其纪年以从正统",受此正统观的影响,此节刊本中确实不列篡夺正统的曹丕与朱温。不过《四库全书总目》八十九却讥其"大抵愤南渡之积弱,违心立论,强作大言",严守南北、夏夷之辨,多是"偏僻之说以荧惑从听矣"。清朝恰是以北并南、以夷变夏,其正统观已然发生了很大变化,与南宋朱黼时要求以南并北、以夏变夷的主张是背道而驰的。刘绍宽后来在《书抄本朱黼三国六朝五代纪年总辨后》中认为,《四库全书总目》对朱著之指责"实清臣阿附皇室之语,非通论也",实为见地之语。在叶适看来,正统观念与夷夏之辨是历史书写过程中两个最为重要的原则。这一点与朱子《通鉴纲目》重正统和夷夏之辨的编纂思想倒是十分一致。

南宋王致远(1193—1257),永嘉黄田人,王允初之子。所著《开禧德安守城录》,记录了开禧北伐期间其父王允初任德安通判时带领军民固守德安108天的历史经过,抗金壮举可歌可泣,爱国情怀溢于言表。但是王允初身后并没有得到应有的表彰,出于义愤,王致远"敬录赏功训词及守城始末",撰写完《开禧德安守城录》之后,又附上《上本州请谥书》上达朝廷,"乞典定谥","抑昭宣忠"。书中有曰,"先君谓人子移孝,正此其时,奋不顾身,以七里之孤城,当十万之犬豕,内外相持,百有八日","忠义之气,凛若神明矣"。宋元鼎革之际,永嘉芙蓉村人陈虞之(1225—1278),在元军挥兵南下进犯温州时,组织率领陈氏族人千余众在

---

① 参见孙诒让《温州经籍志》(上·史评类),潘猛补校,上海社会科学院出版社2002年版,第559—560页。

上塘绿嶂垟抗击元军。终因势单力薄寡不敌众，退至家乡芙蓉崖固守，达两年之久。最终在重重包围之中弹尽粮绝，800余族人慷慨捐躯，牺牲殆尽。陈虞之族侄陈规，兵败时为元兵所逮，宁死不屈，一家二十四人皆死节。陈虞之"以摄官而冒万死，以保地而奏肤功"，合族精忠报国之壮举可谓惊天地，泣鬼神。英灵不死，浩气长存，至元末官方终于公开予以表彰之后，历代俎豆不绝。1990年，永嘉县在芙蓉村陈氏大宅建有陈虞之纪念馆，温州江心孤屿上的宋代文天祥（1236—1283，信国公）的祠堂与卓敬（？—1402，忠贞公）的祠堂，"左右相望，英风节概，异代同符"，皆为君死难之铁汉也。[①] 东皋山下的明代章纶（1413—1483，恭毅公）祠堂，亦昭示和激励着温州士人忠君报国的理念。明亡之际，李维樾、林增志编辑卓敬的文集《忠贞录》，亦不仅仅是在保存乡贤文墨，最终命意是想通过卓敬忠君报国之言行来激励清初士民家国之气节。明清鼎革之际，奋起抗清而见杀者、自尽而殉国者皆有之。奋起抗清者，主要是一些信奉忠臣不事二主的南明官员、坚守夷夏之辨的士大夫以及揭竿而起的农民起义领袖（多数打着反清复明的旗号）等。南明隆武四年，陈仓在福宁桐山战死。永嘉张实孚据险不降，在食尽众散之际，"谓一少年健者曰：'我不能举，不如执我为功。'少年泣曰：'请先刎，明不贰。'实孚乃解囊授金予僧曰：'以吾二人埋土中。'遂正衣冠自刭，少年见其气绝，自刭于旁"。受儒家正统思想和民族观念影响，面对以北并南、以夷变夏的清朝政权自尽殉明者，有多例记载。最著名者有"明瓯东殉节四先生"之中，永嘉王瑞旂（？—1647）自缢而死。王瑞旂，北宋永嘉学术先驱王开祖后裔，字圣木，温州永嘉县人。天启五年乙丑进士，原官兵部职方郎，隆武授太仆少卿，敕令督饷瓯、括。大清兵陷温州，贝勒下擢用之令；乃集先世遗

[①] 何白：《重修江心忠贞卓公祠堂记》，《何白集》，上海社会科学院出版社2006年版，第678页。

像，亲为题志，且拜且泣曰："死见先帝，即归膝下耳！"遂与姻友会酌，悲歌尽欢。已而赋《殉难遗书》，入户缢殉。其《殉难遗书》有曰："吾家自儒志先生倡明理学，自宋迄今，衣冠相承，礼义不隳。……吾念家世诗书，沐朝廷豢养，吾父吾母屡拜皇恩。既不能喷血贼庭在，裹尸马革，安忍易面事仇，贻讥名教？"其子王家琦（1610—1650）在其父死后遵父命，放浪形骸于山水之间，绝意仕进。据叶尚高《祭王圣木先生文》："一往飘然，万事已足。于家有光，国不辱。其生也荣，文章自淑。其死也哀，不易初服。戴高履厚，勿脊勿踖。无愧于心，无负于学。取义义积，成仁仁熟。方之古人，惟文与卓。"生员叶尚高（皋）（1607—1647）高唱"国亡吾与亡，誓不从胡羯。性命轻鸿毛，纲常肯隳"[1]，大骂之后仰药自尽。温州人林伯起、张瑞初，在清兵破舟山时，同赴学宫自缢死。[2] 温州士大夫面对黍离之悲，从容赴死，态度决绝，可见受儒学中的忠君观念熏陶之深巨。这是永嘉耕读文化中最可歌可泣之一页，最可传之后世的宝贵精神遗产。

时至今日，在推进楠溪江全域旅游过程中，楠溪江星罗棋布的古村落遗存正焕发出特有的魅力。每一个古村落都有一段历史，都有各具特色的风物，也有很多故事。一个个家庭农场、民宿客栈重整面世，土特产超市

---

[1] 叶尚高：《续〈正气歌〉步文丞相原韵》，陈光熙编《明清之际温州史料集》，上海社会科学院出版社2005年版，第85—86页。叶尚高，字而栗，一字天章，永嘉人，郡庠生。大清兵入城，尚高被发佯狂；儒巾帛衣，截神祠本台为铎状，摇布狂言，惟"洪武圣训"四字朗彻人耳。上丁释奠，尚高冠进贤冠，倚庙柱肆詈当事；庭鞫，不跪。鞭棰血遍体，略无一语；惟呼"太祖高皇帝"而已。被创后，吟咏自若；和"正气歌"，有"未吞蒲酒心先醉，不浴兰汤骨已香"之句。饮药痛骂死。狱吏欲倒曳出尚高于窦，诸士拥圜扉，枕尸环哭，几噪；事闻，有司乃坏棘墙，舆尚高至宅殓焉。光绪年间，温州人杨青手录叶尚高文5首、诗31首为《叶义士遗集》。但是若如朱彝尊《明诗综》所言，现存诗乃"市上所赋，特游戏耳"的话，其真实性还是尚存疑问的。在社稷鼎革之际，"先生一介士，踏节陵险，冀以障川移岳。孔子曰：'杀身以成仁'，近之矣"。今存《叶义士遗集》中有一首《嘲乡绅参谒贝勒》诗，对于其乡先生王维夔、林增志、李维樾、周应期、李光春、邵建策皆致丑诋，而独心折于王圣木瑞楠。（冒广生录入《永嘉日记》中有此语）

[2] 参见（清）李天根《爝火录》卷十六，浙江古籍出版社1986年版，第677页。

网上链接全球，庭院经济、农家乐经济正如火如荼。古村绿道之间，徒步健走、龙舟竞渡，绿色健康产业蒸蒸日上。庙会集市，民间曲艺，人声鼎沸，热闹非凡。祠堂寺观，香火不绝，祠庙经济重获新生……物质性的遗存正重拾青春，日渐回归人们的日常生活，正在改变自己"博物馆化"的命运。

第五章　永嘉耕读文化资源的空间营造与时间规制

要加强对中华优秀传统文化的挖掘和阐发，使中华民族最基本的文化基因与当代文化相适应、与现代社会相协调，把跨越时空、超越国界、富有永恒魅力、具有当代价值的文化精神弘扬起来。

（习近平在哲学社会科学工作座谈会上的讲话，2016年）

一个地方的耕读文化传统，外在表现为可见的自然环境和物质性耕读村落遗存等，内在表现为一种精神文化样态和一整套价值观念。除此之外，更深层地从哲学上分析，还会发现耕读文化传统与一定的地理空间秩序、社会空间范围和社会时间规制是密切相关的。时空观念的现代演变和转型，极大地左右着人们对于耕读生产方式、生活方式的态度。当然，无论时空观念及其社会制度规定如何变化，无论时空如何全球标准如一化，时间和空间的地方性都是无法完全被消除的。适度传承和保护地方性的社会时空观念及其习俗，是耕读文化空间营造和时间规范过程中必须引起注意的深层问题。

第五章 永嘉耕读文化资源的空间营造与时间规制

一 庭院里的耕读之家

林语堂《中国人的生活智慧》："中国人的房子沿庭院而建，庭院释放出公共性的私人空间，庭院也是房子内部结构的一部分。在大户人家，庭院是一处景观性的公园，得到妥善的运用，有秋千、石凳、苔藓覆盖的露台和藤蔓植物。在那些底层人家，庭院是一个集中的家庭化的活动场所，放着大水缸可以在这里洗东西。但不管富有还是贫穷，一棵枣树或一棵石榴树和金鱼缸通常用来美化庭院。通过庭院分隔房子的方式与现代公寓的观念一致。在这样的方式下，一个家庭的成员能共同生活在一起并拥有自己的私人空间——他们自己的厨房和卧室。对于儿孙满堂共同生活在一起的中国家庭来讲，这种房子是最理想的。……中国家庭制度的一个自然结果是：尊重老人，尊敬长辈。"[1]

农家小院（李金辉 摄）

---

[1] 林语堂：《中国人的生活智慧》，陕西师范大学出版社2007年版，第31—32页。

永嘉属南方地区，其屋宇形制与北方多平房不同的是，多见二层木结构的楼房，雕梁画栋；由多栋多进的楼阁形成了四世同堂、庭院深深的效果。楼台庭院的方寸之间，只要稍作装饰点缀，就可以形成一个相对隐蔽、独立和舒适的生活空间。家作为一个人日常生活起居之地，中国人对于"家"的经营是非常精心和重视的。它的布局设计，往往体现了中国人特有的一种"家和万事兴"的持家智慧和处世哲学。

古村有戏（李金辉 摄）

《后汉书·仲长统传》有云"使居有良田广宅，背山临流，沟池环匝，果园树后"，非常简明地表达了中国人对于家居环境的基本要求。从经济上看，当庭院空间的利用达到某种极致时可以形成一种庭院经济。"房前屋后，种瓜种豆"，有时还可以种些花草树木，豢养些家畜禽鸟，一幅生机盎然的景致。这样既能美化居住环境，还能基本满足一个家庭的副食需求。在很多文学作品中，在很多人的儿时记忆中，夏日炎炎之际一家人和友邻在庭树下乘凉谈天，是多么快意的一件事，充满了和谐、温馨、恬适的氛围和一种难以言表的美学意境与人生况味。

二 永嘉耕读村落的文化性格

村落,是由多个庭院聚合而成的有机整体。其选址十分讲究,一般遵循藏风聚气、负阴抱阳的风水观念,通常要求坐南朝北,背山面水,前有屏障,后有依托,左辅右弼,可望而不可即,因此通常传统理想的村落选址都有如下想象:背有靠山,南有案山或笔架山,绿水有如玉带环绕腰间。这种想象,多数时候就是以读书为官、升官发财为原型的,充分体现了农业社会中耕读文化的性格。传统的风水堪舆之术,以人与自然的和谐互动为目标,体现了中国文化中天人合一的哲学理念,非常类似于今天的人居环境科学。依据风水而选择的村落一旦建成,有时连一草一木都不会轻易被破坏,以免破坏风水。

温州建城建村都有尊重风水的传统。白鹿城当初由风水大师郭璞所建,明代刘伯温、清代寓居瑞安的端木国瑚都是风水学大师。刘伯温《堪舆漫兴》组诗系统总结过点穴、明堂、水势、龙虎、案山、朝山、水口砂等村落选址和整体布局的基本原则。刘氏有诗总结过村落选址要考虑的环境要素:"堪舆要领不难知,后要冈兮前要溪。穴不受风堂局正,诸般卦例不须疑。"诸如此类的还有"寻龙山水要兼溪,山旺人才水旺财。只见山峰不见水,名为孤单不成胎"等简要论述。[①] 至于传统耕读村落的布局,则会依据风水观念、地形条件、安全因素等综合考虑,是选择集居还是散居,是团形、带形抑或环形,皆要因地制宜,不拘一格。因为大多要求因地制宜且就地取材,村落周边,由近及远一般依次为菜园、良田、果木和山林所围绕,多会有一种巧夺天工、浑然天成的和谐感。

[①] 引自杨金国点校《图注堪舆漫兴》,内蒙古人民出版社2010年版;另见顾颉《堪舆集成》,重庆出版社1994年版。

丽水街全貌（陈胜豪 摄）

在村落布局中，建筑是最主要、最显眼亦是最为核心的构成要素。因此，传统耕读村落有无成片或典型的古建筑就至为关键。建筑与建筑之间除了格调相互呼应之外，还经由地上错综的道路和路边或地下的水系连成一体。从功能上分，除了生产、生活型的建筑之外，还会有专门用于文化休闲和精神性生产的场所，如祠堂、戏台、庙宇、书院、牌坊、亭台等建筑。

其中，宗族祠堂是整个村落空间聚集的中心，承担着敬宗收族、族群认同的凝聚功能，具有某种与众不同的威严感和神圣性。当一地某宗族人口达到一定的数量，具备了一定的经济实力，且已有家庭成员取得了功名，通常这个家庭就会修家谱。接着，就是修建祠堂，将能够光宗耀祖的先辈人物及其功名成就张榜上墙，或高悬在上，以此昭彰声望、激励后世，最终完成宗族文化的构建。

三 永嘉耕读文化中的地方社会共同体

地方，由诸个村落构成的一个个片区社会共同体。据施坚雅的基层市场区域或共同体理论，一个中国传统农村的基层市场（集市、乡镇和中心城市）区域当是由18个左右的村庄、50平方千米的土地、1500户左右人家构成的六边形地区，这是传统农业生产和生活必需的最大经济边界——耕作半径，也是保持正常家庭生活和交往必须达到的社会性边界。在这个由数量不等的自然村落构成的、可以满足基本物资与贸易需求的基层市场共同体中，每个人"与同一个市场共同体中所有的成年人有点头之交。基层市场共同体是家庭亲戚、宗族组织、秘密社会、宗教组织、方言乃至'小传统'的载体"①。这种集市或地方既是一个地理空间概念，亦是一个社会空间概念；既是最基本的生产单位，也是社会生活的圈子。正如有学者指出的那样，"由几个村庄组成，彼此保持着较多联系的生活空间"，因其有共通的人员、经济、文化往来，成为一个拥有共同利益的地域共同体，如此一来这几个村庄就构成了一个"地方"。② 出于血统和地缘的联系，邻近的几个村庄往往一起出人出力出资修桥筑路、兴修水利、兴庙建学等，并因拥有共同的经济生活、婚姻关系、文化活动和宗教信仰而形成了地方性知识，亦即拥有了一个自成一体的地方归属感或草根性"小传统"。

另外有研究指出，江南乡村聚落分布与其水路陆路、交通网络分布有着密切关系。一般而言，一个由家、邻里、村落、农田和基层市镇构成的相对完整的基层市场和社会交往空间，走陆路、水路半天就能够往返，服

---

① 参见［美］施坚雅《中国农村的市场和社会结构》，史建云、徐秀丽译，中国社会科学出版社1998年版。
② 吴松弟、刘杰主编：《浙江泰顺历史文化的国际考察与研究》，齐鲁书社2009年版，第97页。

务半径一般过不会超过 5 千米。在此之上规模较大的中间市镇，间距则通常在 10 千米左右，较少有超过 20 千米的。[①] 传统乡村里的人们通常只生活在基层市镇和中间市镇，能够进入中心城镇和大城市（即"进城"）一览城市文明的人则属凤毛麟角。当然，随着工业化的推进以及交通条件的改善，这种封闭自足的空间生活样式或者局限性现在已经几乎被彻底颠覆。

四 楠溪江流域耕读文化的整体性

在历史上，与近现代温州高度重合的永嘉，是大永嘉的概念。在农业时代，河流水量与土地面积成为农业开发和人口积累的主要参考因素。从流域分布上看，大永嘉地区主要包括瓯江、飞云江和鳌江三大水系，同一个流域的文化常常大同而小异，而不同流域的文化则差异较为显著。今天的永嘉县境属于小永嘉的概念，县治范围皆限制在瓯江以北，其核心流域毫无疑问当属南北流向的楠溪江，其地理空间相对独立、封闭和完整，人文风貌亦有高度的区域一致性。从楠溪江作为今天永嘉的母亲河这个角度上看，永嘉耕读文化基本上可以等同于楠溪江流域的耕读文化。

当今，楠溪江耕读文化的保护与开发利用只能选择突出重点、点面结合、兼顾整体的"全流域"模式。这与今天提倡的"全域旅游"在空间观念上有一定的呼应关系。从空间上看，所谓全域旅游就是打破空间上景区内外、城乡之间的人为隔断，实现空间一体化。具体来说，就是拆掉景点、景区内外有形与无形的"围墙"，缩小民宿、酒店内部与外部环境的巨大反差，还要避免楠溪江上、中、下流域之间的脱节。在现实生活中，避免一墙之隔或一河之隔俨然两重天的情景：景区内鸟语花香、干净整

---

① 李立：《乡村聚落：形态、类型与演变——以江南地区为例》，东南大学出版社 2007 年版，第 40—41 页。

齐，景区外却是私搭乱建、脏乱破差；酒店里流光溢彩、金碧辉煌，酒店外却是污水横流，垃圾成山；中下游热点流域常常人流如织，旅游品质堪忧，上游等偏僻地带则远在深山少人问津。

楠溪江漂流（永嘉县委宣传部提供）

总之，全流域、全域开发利用，要坚持创新、协调、绿色、开放、共享五大发展理念，将其与社会主义新农村与美丽乡村建设联系在一起，适度打破城镇乡村行政区划的区隔，做好整体规划，合理布局，全面改造脏乱差的村居环境，尽量减小城镇与乡村的两极分化，避免"第一世界"与"第三世界"的视觉冲击。唯有整体推进新农村建设，美丽楠溪才能成为全域旅游和美丽中国的一个样板。

五 耕读文化的时间节律及其地方性

自然界随着四季气候的变换，有春生、夏长、秋收、冬藏的节奏性变化，在以农为本的自然经济时代，人们的生产生活时间安排皆紧紧依存于自然节律。一言以蔽之，中国传统耕读文化的标准时间安排就是天人合一——自然规律性与人文社会性合二为一的二十四节气时间系统。这一时间系统通常是由刻、时、日、（星期）、旬、月、季和年等单位组成的。

有学者指出，"正是两千多年传统中国小农家庭经济的个体特点及狭小规模，导致了乡村时间生活以个体性为主的态势"①。而天人合一式的传统生活情境的失落，与多元独特的地方性时间制度的失落以及与人能超越自然时空约束而获得自由的现代生活假象是有深刻的内在关联的。A. J. 古列维奇曾指出："作为社会内部结构的功能，社会仅在不同的文化和社会之间存在差异，而且在每个社会文化系统内部也存在差异。社会在以自己独特的方式感知它、体验它的各阶层、各群体的意识中并不是均匀流逝的，而是像他们所感知、所体验的那样以不同的节律发挥作用。换言之，在每个社会中，不是存在唯一一种'铁板一块'的时间，而是存在一系列由不同过程法则和由不同人群性质控制的社会节律。"② 可是时至今日，耕读传统中的社会时间节奏，农业作息性与季节时令性特别明显，但是工业

---

① 王加华：《被结构的时间：农事节律与传统中国乡村民众年度时间生活——以江南地区为中心的研究》，上海古籍出版社2015年版，第130页。
② ［苏联］A. J. 古列维奇：《时间：文化史的一个课题》，［法］路易·加迪《文化与时间》，郑乐平、胡建军译，浙江人民出版社1998年版，第329页。

化、全球化和标准化的现代时间观念日益普及，标准如一的全球时间形成之后，个人性时间逐渐向制度性时间过渡，四季分明的农业自然时间向终年循环如一的工业钟表时间过渡。原先"日出而作，日落而息"的作息方式，现在变成了"昼夜不息，黑白颠倒"的作息方式。因此，耕读文化的传承，需要在一定程度上保护其时间节奏及其社会规制上的地方性和特异性，不然耕读文化的精神自由意境就无从谈起。耕读文化时间的节奏性和地方性，具体表现有很多，下面举几例加以说明。

节庆时俗，通常在地域范围上有一个逐渐流布与传播的过程，初期多只是地方性的，而后才传播到其他地区成为全国性的节日，甚至漂洋过海成为国际性的节日。[①] 节日通常与平日相对，它是相对松弛、休闲的时间，与饮酒食肉、穿新衣、逛庙会等物质消费以及家人团聚、走亲访友、迎神赛会等精神狂欢活动紧密联系在一起，从而构成了生命时间的一种忙里偷闲、张弛有度的节奏感。这种节奏感是在漫长的社会历史调适过程中形成的，一旦形成，就有其连续稳定性，成为某些特定区域乡村文化生活不可或缺的一部分。乡村集市通常是在邻近的几个市镇轮流交替进行，例如：永嘉芙蓉的赶集日固定在农历二、七日；而上塘农历二月十三日至十五日的庙会，则选择在上塘地方保护神孝佑宫卢氏娘娘生日举行，为期三天。庙会、节庆文化作为传统耕读文化的重要组成部分，一般依农时月令安排得错落有致，控制着一地传统乡村耕读生活的时间节奏。它们作为当下非物质性文化遗产保护对象，应引起有关部门的重视。

合生辰八字的时间习俗。掐算选择良辰吉日的时间习俗，初一、十五不出门，不串门，不催债等时间禁忌还普遍存在。费孝通注意到："历本并非村民自己编排，他们只是从城镇买来一红色小册子，根据出版的历本

---

① 王加华：《被结构的时间：农事节律与传统中国乡村民众年度时间生活——以江南地区为中心的研究》，上海古籍出版社2015年版，第234页。

进行活动。他们不懂其历法的原理,他们甚至不知道历本是哪里发行或经谁批准的。因政府禁止传统历,出版这些小册子是非法的。""在任何一家人的房屋中都可以找到这本册子,而且在绝大多数情况下,这往往是家中唯一的一本书。人们通常将它放在灶神爷面前,被当作一种护身符。"① 当代乡村家家必备的历书,仍旧承担着安排农时和社会时间规制的基本功能。除了用阳历标明今夕几何之外,最为关键的内容是用农历标明节气、农谚和节俗等内容,以便安排日常生产和生活。除此之外,还会有吉凶祸福等时辰禁忌的时间习俗。在沿海地区,有些历书还特别标明潮汐时间。用现代眼光来看,说它是乡村民众生产生活的通行日程表和行事历,绝不为过。

传统耕读文化时间观念的特别之处还表现在其计时方式上。在现代钟表还没有普及之前,古代乡村一般可以通过"七十二候""二十四节气"看季节月份,再通过太阳、月弦、星纪方位来判定早、中、晚二十四时辰,正所谓"凡日一出没谓之一日,凡月一盈亏谓之一月"。② 除此之外还有更香、滴漏甚至鸡叫等方式来司更。人们完全依据自然的节律来计算和标示时间,虽然不够精准、不断循环,但对于颇具伸缩性、灵活性的农业作息方式来说已经足够用了,并且充满了顺应时命、乐天知命的生命存在感。可当现代钟表从城市走入乡村之后,人们对于时间的感受逐渐依赖于人工制作的机械,而距离自然循环的天象和节气越来越遥远,越来越陌生,并且直线性的时间特别容易让人产生一种世界永远是今胜于昔、进化发展的乐观情绪。茅盾在小说《当铺前》中讲到这种变化时说:"那柴油轮船走过的时候总在快天亮,那呜呜的叫声也恰好代替了报晓鸡——开埠以来就把杂粮当饭吃的村里人早就把鸡卖得精光,所以

---

① 费孝通:《江村经济:中国农民的生活》,商务印书馆2002年版,第136页。
② 沈括:《梦溪笔谈·补笔谈》卷二《象数·十二气历》,中华书局2009年版,第307页。

第五章　永嘉耕读文化资源的空间营造与时间规制

这一向听着可恨的汽笛声现在对于村里人居然有点用处了。"[①] 在中国农业社会中长期形成的相对个体性的、灵活伸缩的、循环往复的传统时间生活，日渐被标准如一的、十分精确的、直线向前的、现代工业化的时间结构所取代。"在工厂里，任意规定的作息表支配着劳动时间的开始和结束，这些时间被划分为不变的单位：小时、分钟，8小时1天，其间穿插着午餐和车间休息。在田地里则相反，作息时间表受需要完成的劳动的支配，根据劳动的进程、天气的情况甚至可能是劳动者的疲劳状况，作息表始终是可以变动的。当农业劳动者是经营主时，他就是时间的主人：他自己确定他的作息表和劳动节奏。"[②] 这种相对于标准如一、节奏明快的工业时间观，急不得亦慢不得，有些慢条斯理和自由散漫的农业时间观当是耕读文化之所以能够自由自在、悠然自得、为人向往的内在支撑。从更高远的眼光来看，时间感受上的封闭循环倾向，孕育了国人缺乏精确时间观念、以自然循环时间为主、强调过去和历史、个体时间观念至上等时间特性，特别是"传统对勤劳的强调及遵守作息时间表的习惯，大概有助于中国这一个长久的帝国的维持"[③]，对于一个乡村保持稳定来说更是如此。

当然，现在完全回归过去传统耕读社会的时间规制已经是不可能的，但是，尽可能保持地方耕读传统中的社会时间生活样式还是有必要的。中国乡村现代化转型将是一个漫长的过程，在保持信心的同时也必须保持耐心，不能急于求成。传统社会时间观念和宵禁等时间规制的变化告诉我们，当代中国作息时间、节假日等社会时间管理应该依据社会实际情况进行微调，尽最大可能保护和传承耕读传统中的节庆文化、时间习俗，以及相关耕读时空规制的地方性特色。

---

① 傅光明编：《茅盾小说》，浙江文艺出版社2001年版，第269页。
② [法] H. 孟德拉斯：《农民的终结》，李培林译，中国社会科学出版社1991年版，第75页。
③ 杨联升：《帝制中国的作息时间表》，《国史探微》，新星出版社2005年版，第59页。

第六章　学校教育对永嘉耕读文化的影响

不忘本来才能开辟未来，善于继承才能更好创新。对历史文化特别是先人传承下来的价值理念和道德规范，要坚持古为今用、推陈出新，有鉴别地加以对待，有扬弃地予以继承，努力用中华民族创造的一切精神财富来以文化人、以文育人。

（习近平在中共中央政治局第十三次集体学习时的讲话，2014年）

学校教育历来是文化发展的中心场域，包括官学与私学在内的学校教育的发展水平直接关系一地耕读文化的兴衰成败。永嘉耕读文化受地方整体教育水平的影响至为明显，可谓学校教育兴，则耕读文化兴；学校教育衰，则耕读文化衰。《鹤阳谢氏宗谱·义学条规》里就规定："凡肄业弟子，必须一举足疾除，一语言进止，事事雍容审详，安雅冲和。"在历代当政者的倡导下，楠溪江各村落文风大盛。几乎每个村的宗谱里都记载了乡村知识分子的事迹。清道光年间，县令汤成烈非常生动地描述了善教的成果："永嘉在宋有邹鲁之风，维时士大夫先达者多从'二程'、朱子游，居乡恒以讲学为业，故能诱掖后进，式化乡间，薰为善良，浸成风俗。户有弦诵，邑无巫觋，人怀忠心，女行贞洁。冠昏丧祭，厚薄适中，奢俭当礼。疾病不祈祷，婚配不听星命。岁时娱乐，弛张合宜。其于养生送死之制，盖秩如也。"

一 永嘉学校教育的历史回顾

温州自东晋置郡时就已经有郡学，但兴废无常且规模很小，非有士族身份资格者莫能入学接受教育。受官方教育资源的局限，民间读书识字的人甚少，做官荣身的希望更是渺茫。唐宋开放科举取士以后，基层社会向上流动的机会增加，在仕进愿望的推动之下斯文开始大规模下移，教育开始渗透进民间社会。在此背景之下，府学、县学等渐入正轨，书塾、社学等民间办学热情逐渐高涨，教育资源供给显著增加，耕读传家的生活方式才得以成为众望所归的一种文化传统。

正所谓"堂斋庑舍，莫盛于宋，而学业随之"（《弘治温州府志·学校》），宋代郡、县官学以及书院义塾非常兴盛。从薛季宣、陈傅良、叶适屡有兴学文章传世，即可窥宋代教育发展之一斑。永嘉一地，当时除了府学和县学之外，还有官方资助、以民办为主的书院以及书塾，使得受教育的人口有较为显著的增长。当时有名的书院有，宋淳祐十二年由王允初之子王致远等人创立的永嘉书院，周行己创立的浮沚书院，陈傅良讲学的仙岩书院等。有名的书塾有，王开祖设立的儒志塾；由周行己设立，沈躬行、戴明仲等人执教的东山塾；丁昌期设教的经行塾；郑伯熊、郑伯英设立的城西塾；陈傅良讲学的南湖书社（塾）；杨简等人资助的慈湖塾；以及叶适晚年长期在水心村的讲学地等。通过这些官民合力推进的学校教育，关、洛、闽、濂诸学纷纷传入永嘉，经年教化，程朱之道才真正成为乡土文化之基调。在吸纳继承前人学术思想的基础之上，经过总结创发，与关洛之学风有重大差异的永嘉事功之学才应运而生。

永嘉学校教育和科举仕进在元代短暂沉潜之后，明代复有一阳来复、止跌回升的迹象。宣德、正统年间，知府何文渊、刘谦相继修葺永嘉县学和孔庙，塑两庑像，复先贤、文昌、兴文三祠。成化十年，知县文林购置学前地块，又辟东北山地扩而充之，增建杏坛亭阁，建制日趋完备。至明弘治年间，县学除了仪门、泮池、明伦堂、博文与约礼两斋、号房、膳堂、仰止亭等建筑之外，在戟门外两旁还有名宦、乡贤两祠，可谓"有桥有栏，画宇布地，规制完美，甲于东南诸学矣"（《弘治温州府志·学校》）。弘治永嘉知县林廷献建有鸡鸣书院，还有王瓒读书处的芙蓉书院，义塾、社学等民办教育机构较之宋代有了进一步的发展。它们多是以宗族族田、义仓、义庄为经济来源的，主要以宗族子弟为教学对象的民间公共教育机构。在明清时期的永嘉，设立义塾、义学、祠塾已经成为各个宗族共同体提高文化水平、积累文化资本和取得科举功名的集体性（准公共性）、制度化行为。

二 清代永嘉书院对地方耕读文化的影响

清朝经过顺、康、雍几朝的励精图治之后，社会日趋稳定，国力日渐步入兴盛期。1683年台湾平定之后，东南沿海情势缓和，政府准予居民展界回迁，加之摊丁入亩等政策的施行，温州经济社会亦随之步入正常发展轨道。明末清初的长期战乱导致的人口损失和百业萧条状况，开始得到迅速恢复。据《雍正浙江通志》记载，康熙二十年（1681），温州府五县一厅计有191822户，而《嘉庆大清一统志》卷二三五《温州府》记载，到了嘉庆二十五年（1820），温州此时增至369823户1933655口人。140年间，人口增长近6倍，人口密度达到179.4人/平方千米，远超当时39人/平方千米的全国平均水平。[1] 这从侧面印证了清代中叶的温州经济社会发

---

[1] 参见陈丽霞《历史视野下的温州人地关系研究（960—1840）》，浙江大学出版社2011年版，第22—32页。

展水平已经达到了一个高涨期。

社会稳定，人口迅速繁衍，并不会立即导致文化教育和科举的长足进步。人口过快甚至爆炸式的增长，反而会给温州地区的文化教育和科举事业带来巨大压力。有人统计，在北宋时期温州有进士八十人，南宋时期有一千四百多人，元代一二十人，明代一百三四十人，清代只有三四十人。[①]嘉庆九年（1804），陈遇春在永嘉创立赞助瓯人外出参加乡、会试旅费的"文成会"，时任浙江巡抚的阮元（1764—1849）为此撰有《文成纪事序》。文中有曰："忆余乙卯科（1796年）奉命视学是邦，岁科按部，曾两涉其地，及来抚浙巡视海上，又一至之。见其山川之秀，人物之隽，无不家弦诵而户诗书也。每三年大比，省试获选者，不敌浙西诸郡之十一，良由艰于道里，未遂观光，余甚悯之。夫十涉之内，必有香草，况永嘉夙有小邹鲁之称，为衣冠所辐凑者哉！"时任温处兵备道的李銮宣（1758—1817）亦有序曰："东嘉文献，宋明极盛，只今稽古，右文之代甲科寥寥，此何以故？诸生曰：自先生下车以来，其间举进士登贤书贡成均者，较曩时为多。然视浙西仍不敌十之一二，则应试人之稀也。"[②]阮、李二人的序文，不仅透露出温州人才相对于南宋极盛时期一落千丈的历史差距，而且表明直至乾嘉后期温州科举"不敌浙西诸郡之十一"的现实差距，可见清代温州科举人才的零落之势异常明显，温州区域文化整体上亦呈现出沉寂无闻的局面。

清代中前期温州区域文化低迷的原因，与温州远离当时的文教中心、缺乏教育资源有关系。顺治九年（1652），出于政治原因，谕令"不许别立书院，聚众结党"。雍正十一年（1733），清初的严峻政治形势已然扭

[①] 参见周梦江《叶适与永嘉学派》，浙江古籍出版社1992年版，第17页。
[②] 阮、李二文，俱见《光绪永嘉县志》卷三五。另见王妍编《温州清代文成会史料四种》，《温州历史文献集刊》第1辑，南京大学出版社2010年版，第362页。

转，遂复准各地重建书院，造育人才。之后除了府学、县学等屈指可数的各级官学之外，官办或准官办的书院日益成为担负科举教育和培养、选拔人才的主要机构。有清一代，温州知名的书院有永嘉府属的东山书院（1732年移建）、中山书院（1759年兴建）、鹿城书院（1755年温州知府俞文漪重建讲堂），瑞安的箬竹书院（1654年兴建，朱鸿瞻曾任掌教）、玉尺书院（1781年兴建，曹应枢、孙锵鸣曾执教于此）、聚星书院（1826年，由定海总兵陈步云捐资兴建，鲍作雨曾任掌教）、心兰书院（陈虬等人于1872年集资创办，原为书社）、诒善祠塾（1880年由孙衣言等人创建，属于族学，但亦对外招生），乐清的梅溪书院（1798年改建，1862年重建，张振夔、黄菊襟、朱味温、陈黻宸等人曾掌教于此），平阳的会文书院龙湖书院（1766年兴建，张南英等人曾任山长、1884年重建）、狮山书院（光绪年间兴建，金晦等人曾任掌教，黄庆澄受教于此）、鳌江书院（1897年由王理孚等人创建，刘绍宽为掌院），泰顺的罗阳书院（1752年改建，董斿、潘鼎等人曾任掌教）等。我们仅以温州城区两大书院——东山书院和中山书院为例，来管窥当时清代温州教育状况之一斑。

东山书院，最早是永嘉学派鼻祖王开祖（1035—1068）聚众讲学之所，原位于温州华盖山麓。由于华盖山又名东山，因此得名东山书院，堪称温州历史最悠久的一个书院。书院历代屡经兴废，清朝书院解禁后亦屡次重修。雍正十年（1732），巡道芮复传移建于城东南的积谷山麓。"有讲堂廨舍为肄业地，前绘谢灵运像，内祀儒志先生，左建文昌阁。"[①] 书院移建以后，"规模略具，而无师生膏火之资，迄今三十余载，寂如空谷，久绝诵声"，办学似乎时断时续。不过，在乾隆十七年（1752），东山书院重刻王开祖的《儒志编》，开启了清代温州接续南宋永嘉之学的序幕。乾隆二十二

---

① 《光绪永嘉县志》卷七《书院》。

年（1757），注重文教事业的温州知府李琬（后升温处道），任内大修府学、文庙，东山书院亦得修葺。李琬"清厘旧款，拨置涂田，经营三载，始得延名师主讲席，给膏火"①，书院方才有所起色。乾隆二十四年（1759），因地处城东南积谷山麓的东山书院"其地逼城闉而迫岩址，蒸湿淋溢，且负笈者络绎至，舍宇数椽不足以容"，李琬"乃与周巡（按指巡道周开锡）相度得爽垲于中山之阳"②，即在中山南麓兴建中山书院。书院占地十亩二分，前进建有讲堂（精勤堂）七间，并祀文昌，其右建有大雅堂五间，其左建有修道堂十间，其余皆为书舍（宿舍）四十余间。后进有厨房、夫役房，并左右耳房各三间。前后共有堂、舍、房六十余间，规模为温属五县之最。中山书院于乾隆二十八年（1763）正式完工以后，巡道周开锡又将原东山书院的经费膏火转拨给它，中山书院遂成为温州府属最大的官办书院。而东山书院月课停废，"故址为童子学"，其原有之官办地位渐被中山书院所取代。不过，东山书院与中山书院"似无高下之别，只是中山书院纯属官办而较显，而东山还多少带有一点民间色彩而已"③，一直延续至晚清。温州府学教授陆汝钦、王执玉，庶吉士周长发，举人孙扩图皆曾掌教东山书院。值得一提的是，王执玉在东山书院任教期间，收残被阙，于乾隆二十年（1755）刊刻《叶水心先生文集》二十九卷，板藏东山书院。此书由浙江学政雷鋐、温处道朱椿作序，俞文漪、齐召南作跋，"流布远迩"，对于清代中后期永嘉之学的复振功不可没。清嘉、道年间，永嘉陈舜咨、张梦璜，瑞安林从炯，泰顺董斿等人皆曾就学于此。孙同元（？—1848）在温凡二十一载（道光七年至二十八年，1827—1848）任永嘉县教谕，从道光十年秋起兼理东山书院。④ 咸丰六

---

① 李琬：《兴复东山书院序》，载《乾隆温州府志》卷七，中国台湾成文出版社1984年版，第380页。
② 同上。
③ 张宪文：《清代温州东山、中山书院史事考录》，《温州师范学院学报》1985年第1期。
④ 孙同元：《重修东山书院记》，《光绪永嘉县志》卷七，中国台湾成文出版社1983年版，第673页。孙同元，字雨人，浙江仁和人，著有《永嘉闻见录》等。

年以后，永嘉张振夔主讲东山书院，开始大力整顿院务，"得增岁额二千余串，追出隐匿涂田万余亩"①，办学条件有所改观。同治年间，孙锵鸣、王德馨等人曾受聘为书院掌教。由于面向温属六县选拔学生，所聘掌教大都极一时之选，因此东山书院仍堪与中山书院这一后起之秀并称"双璧"，成为晚清温州人文渊薮之一。

温州中山书院图（载《光绪永嘉县志》）

---

① 张振夔：《馨庵府君行述》，《介轩外集》附录，《清代诗文集汇编》第598册，上海古籍出版社2010年版。

中山书院兴建之初，浙江学政钱惟城校士温州时曾说，"五县之士弦诵其中，旁及他郡，向风所而至"①，可见办学规模有较大进步。该书院先后多次重修，继1808—1811年之后，道光十一年（1831）署巡道贾声槐、知府吕子班、署永嘉知县博延秦倡率绅董捐修。同治六年（1867），署知府戴侗重修，并"详请大府于捐局每年提钱五百千以增广膏火之用"（戴侗《重修温郡中山书院并增广膏火记》）。该书院延续了原东山书院的传统，所聘掌教及招收的学生一直维持在较高的水平，对于整个温州学术与思想的影响至为深远。早在乾隆四十三年秋至四十六年春（1778—1781），书院创办初期，孙希旦（1736—1784）丁忧居家期间，即曾掌教于此地。在此期间，温地学子应该感受到孙希旦谨守程朱理学的治学立场，并首次直接沾染当时京畿四库馆臣中流行的考订学风。不过，由于书院教授与学子们授受之主要动机在于举业成功，教学内容不外乎四书五经、程朱理学等官方正学，以及如何做八股制艺、写馆阁翰墨的技巧，因此温郡士人尚未充分感受到乾嘉反宋学的思想转型与朴学化的学风流变。

嘉庆年间，号称乾嘉考据学大护法的阮元，历任浙江学政（1796—1798）、浙江巡抚（1799—1805、1808—1809），宦游浙江达十年，对于嘉道时期浙江学术产生了重大影响。扬州学者焦循（戴震后学）、天算学家李锐（钱大昕门人）、礼学专家凌廷堪（戴震后学）皆入幕襄赞学务，修书校士。阮元抚浙之后，于嘉庆五年（1800）将原先位于西湖边纂修《经籍籑诂》的地方改为专研汉学的诂经精舍，"选两浙诸生学古者读书其中"②，并先后延请金石考证大家王昶（1725—1806，先主持杭州敷文书

---

① 钱惟城：《中山书院碑记》，《乾隆温州府志》卷七，中国台湾成文出版社1983年版，第383页。

② 参见王章涛《阮元年谱》，黄山书社2003年版，第207页。

院)、古文经学家孙星衍(1743—1818)主持舍务。舍中立许慎和郑玄木主,崇祀不辍,汉学在浙江翕然成风。不过,查阅孙星衍《诂经精舍题名碑记》,在讲学之士共91人、举荐孝廉方正及古学识拔之士63人、纂述经诂之友5人以及进士22人之中,温州竟无一人上榜。① 由此可见,此时温郡学术与杭州这一学术中心之间水平差距甚大,与整个乾嘉汉学考据风尚亦不太相应。不过,阮元在浙期间,至少先后三度亲临温州府巡视学务或政务,对于温州学风的转变产生过一定的影响,或可视为温州学术朴学化的创始者。对乾嘉温州文教事业有过重要贡献的"前秦后李"(秦瀛和李銮宣),不仅与阮元在浙时间大致相同,而且互动频繁。秦瀛(1743—1821)于乾隆五十八年(1793)任温处道,后署理浙江按察史司,杭州与阮元成为同事,经常唱和交游。李銮宣,嘉庆三年(1798)继任温处道,为阮元属下,1802年受阮元举荐记名。上行下效,学术气运自然会产生相应的微调和移易。

嘉庆二年(1797),阮元出试处州时识拔青田人端木国瑚(1773—1837),并邀请他到杭州敷文书院读书。嘉庆三年(1798),阮元科试温州时,端木国瑚随行校士。嘉庆二十一年起,端木国瑚任湖州归安教谕长达14年。道光十三年,端木国瑚登进士第,告老还乡。由于端木国瑚娶瑞安陈氏女为妻,一生大部分时间皆寓居瑞安,与嘉道之际瑞安籍士子林培厚(1764—1830)、鲍作雨(1772—?)、林从炯(1779—1835)、方成珪(1785—1850)、赵钧(1786—1866)、项霁(1789—1841)②、项

---

① 参见王章涛《阮元年谱》,黄山书社2003年版,第245—246页。
② 项霁,字叔明,号雁湖,项灯子,衣言伯舅,世居县城南堤。少应童生试不利,即弃科举业,专心诗词文章,与青田端木国瑚、泰顺董斿、永嘉项维仁交情颇笃。喜游名山佳水,为诗歌记之。于古今兴衰治乱原因,民生利病缘故,均了如指掌,教人必为有用之学。与其弟项傅霖被称为"瑞安项氏二先生"。清季永嘉学派之复振,二先生有开创之功。与人意见不同,并不断断争辩,而据以书史让人体认。课弟傅霖、侄儿、侄女均甚得教法。热心乡里义举,每遇灾荒,必与弟傅梅、傅霖经划救助。著有《且瓯集》9卷,有咸丰三年(1853)刻本,收古、近体诗670余首。

傅霖（1798—1858）①、曹应枢（1791—1851）②、孙衣言（1814—1894）等人交游密切，形成了一个学识互动水平较高的学人群体。他们与平阳的叶嘉枪（1744—1811），③永嘉的周衣德（1778—1842）、④张振夔（1798—1866），泰顺的曾镛（1748—1821）、董旆（1775—1842）、林鹗（1796—1874），乐清的徐献廷（1792—1867）、林大椿（1813—1863）⑤等人亦交往密切。其中，与端木国瑚交好的林培厚，在当时温郡官阶最高，德高望重。端木国瑚的次女端木顺（1811—1838）经时任福建水师提督许松年的幕僚鲍作雨介绍，嫁给了许松年之子许岳恩为妻。而许松年本人与鲍作雨亦是儿女亲家。项霁是孙衣言的舅舅。其弟项傅霖1822年中举，与桐城派古文家梅曾亮、吴敏树、邵懿辰等人相过从。林从炯曾

---

① 项傅霖，字叔雨，号几山。道光二年（1822）中举人，后十试礼部不第。二十四年（1844）以大挑得教职，咸丰元年（1851）任富阳教谕。天性好学，自经史外，天文历算诸书无不读；喜图籍，家藏书数万卷，每次外归，必多购古书，与兄雁湖辨正校勘，相与为乐。民国《县志稿》称："瑞安藏书自项氏始也。"在京师，与桐城派古文大师梅曾亮、吴敏树、邵懿辰等名流相交好。出游时常住宿山间，夜露坐观测星象。任教谕二年，以学术风化为己任，每次会见诸生，必先整饬衣冠，授以文章，行事法度。项傅霖自始学至疾革，未尝一日离书，但性谦退，不轻易著书，所遗《几山笔记》二卷，是其治学见闻札记，关于永嘉学派记载颇详，孙衣言《瓯海轶闻》多予采录。弟项傅梅，终身布衣，《遣怀》诗有"读书不服官，作诗不求名"之句，著有《耕读亭诗钞》七卷。

② 曹应枢，字秋槎，号尊生，瑞安曹村人，嘉庆己卯举人。数次会试不第，道光年间以工诗能文掌教本县玉尺书院，以时文教授生徒，瑞安及邻邑弟子得他指授，经常有中举人并登进士第者，孙衣言即为其制艺弟子。黄体立、黄体芳等人皆从其学。应枢曾从学端木国瑚，与董旆、项霁、项傅霖及长兴朱紫贵、福鼎林滋秀为文字交，更致力于诗。晚年丧子病目，继患脚疾，遂致不起，弥留时出存银嘱媳妇为刻诗，项傅霖为之编次，有家刻本《茹古堂文集》三卷、《梅雪堂诗集》十卷。

③ 叶嘉枪，师从张南英（1702—1773），后从游平阳教谕卢镐（卢是浙东史学大家全祖望的学生），遂锐意经史，以乡邦文献为己任，著有《象义别闻》《诗义解颐》《周官翊训》《礼记类编》。

④ 周衣德，原名灏，字子莲，号藕农，永嘉人。清嘉庆年间（1819）举人，曾以文学任教习，并试用湖南知县事，清《光绪永嘉县志》有传。周衣德饱读诗书，人称"行书橱"，著有《四书讲义》《太玉山馆诗集》《研经堂随笔》《研经堂文集》《藕农文钞》等。

⑤ 林大椿，字宏训，号恒轩，海屿乡高垟人，贡生。从小闭户读书，善校古书，卓有所见，生平抱负，无不发之于诗。成集者有《求是斋诗钞》三卷、《垂涕集》二卷；其他著作有《恒轩文集》《恒轩诗集》《研经堂随笔》《海屿方言》《红寇记》《蒙川年谱》《壬戌纪事诗》等（仅有传抄，多未梓版）等。

馆林培厚家，并从游于温处道李銮宣多年。曹应枢掌教玉尺书院时育人甚众，曾是孙衣言的老师。赵钧曾是孙衣言家族诒善祠塾的坐馆先生。泰顺董斿则算是温处道李銮宣的幕宾。这群人之间，不仅有学缘关系，还有亲缘和姻缘关系，关系错综而又紧密。应该说，从清代中期瑞安孙希旦（1736—1784）的孤军突起，到晚清瑞安孙氏、黄氏、项氏等家族的群体性崛起，介于嘉道之际的这一代学人群体显然起到了承前启后的作用。另外值得指出的是，嘉庆十三年，端木国瑚赴京会试不第后，改任教职，1809—1810年间还曾执教于中山书院。由于端木国瑚与阮元等嘉、道学界名流声气相通，加之精通易学，对于温州本地文化有输入性的贡献。道光年间，孙同元兼任过中山书院讲席。咸丰三年（1853），温巡道庆廉仿照杭州诂经精舍的教学程式，改中山书院修道堂为肄经堂，正所谓"选士之秀者肄业其中，专课经义诗赋，仿省城诂经精舍程式"①。这表明书院的办学宗旨受到乾嘉朴学学风的影响，发生了根本性的改变。

同治四年（1865）后，由林鹗主持中山书院。② 光绪三年至光绪七年（1877—1881），台州黄岩人王棻（1828—1899）任中山书院兼东山书院山长，仿照诂经精舍程式教学，瑞安黄绍第等人入学受业。任教期间，王氏与诂经精舍山长俞樾、温州名儒孙诒让等朴学宗师相往还，主纂了光绪《永嘉县志》。③ 光绪二十七年（1901），政府改易学制，诏下改书院为学校。次年（1902），温巡道童兆蓉和温州知府王琛改中山书院为"温州府学堂"，教学内容与教学模式等方面开始向现代全面转型。此后，历经改

---

① 《中山书院肄经堂》，《光绪永嘉县志》卷七。
② 林鹗，字景一，号太冲，晚署迂谷老人。著有《望山草堂诗文稿》《泰顺分疆录》等。
③ 王棻，字子庄，同治六年举人，人称柔桥先生，晚清著名学者。著有《经说偶存》《六书古训》《史记补正》《柔桥诗文集》等，并辑纂有黄岩、青田、永嘉、太平等多种县志和《杭州府志》等。参见戴佩《重修温郡中山书院并增广膏火记》，载《两浙游宦纪略》，中国台湾文海出版社1966年版，第101—103页；《增设义学并筹添经费记》，中国台湾文海出版社1966年版，第109—110页。

易为温州中学堂、温十中、温州中学、温一中而至现在的温六中。现为温州实验中学所在地，原貌已邈然难寻。

三 清代永嘉文成会与社会公募教育基金的创立和发展

温州地处东南沿海一隅，在清代的浙江十一郡中，离省城杭州最为偏远。从温州府至省城杭州有540千米，至京师2345千米，可以说远离当时的学术文化中心，交通颇为不便。加之经济贫困，缺乏旅费，"士子有终其身足迹不至省会者"。当时能够参加省城考试且能被选取的，不及浙北诸郡十分之一。学子们外出游学和赶考都存在困难，遑论远赴京城、金榜题名了。清代中前期，温州科举人才的零落之势，直到19世纪上半叶仍未得到根本扭转。

陈遇春（约1765—1842），字镜帆，永嘉（今鹿城区）人，廪生。著有《梧竹山房文稿》《溪山吟稿》《雁山游草》，编辑刊刻《东瓯先正文录、栝苍先正文录》等。陈遇春一生热爱公益，曾先后襄助重修中山书院，参与重建西山护国寺和新建乐清大荆三溪九星桥。光绪《永嘉县志》卷一七有传，温州城区现存唯一的一座石牌坊"会典标名"（原在信河街珠冠巷，现移至九山），即为表彰陈遇春而建。其实，陈遇春有一项教育制度创新，应该是他本人一生也是当时永嘉地方最可表彰的成就，这就是1804年所创立的永嘉"文成会"。"文成"二字，乃"兴作文士，且寓玉成"[①]之意，意在改变"桑梓寒士不获与省试之苦"，这一制度性创新开启了温州一地以向全社会公开集资生息的方式资助教育与科举事业的先河。

陈遇春的做法是，"纠合同志，裒集三千余金，发商生息，以子钱所入为试费"。首先从个人、宗族与商行处募集到三千缗的本金放在典当行

[①] 张宝琳修，王棻、戴咸弼、孙诒让等纂：光绪《永嘉县志·庶政》，《中国方志丛书》华中地方第475号，中国台湾成文出版社1983年版，第3593页。

投资孳息，三年结算一次红利，利用这笔盈余，量入为出，视不同情况分配给贫寒举子们做盘缠。这类似于今天众筹公募的教育基金会。为了募集到本金，自嘉庆七年（1802）起，陈遇春"涉水登山，延门扣钵，越四载乃成"，过程十分艰辛。据笔者粗略统计，首次捐款及续捐的个体至少在250人以上，绝大多数都是有功名的永嘉县学生员，另外还有若干宗族或商家合捐。在收款之后，陈遇春又领衔制定了《文成会公议条约》，就如何管理、使用和分配这笔公共教育基金做了详细规定，并呈报官府核备，开始了可持续的制度规范化运作。

当然，文成会款项之所以能存典生息成为一笔可持续的教育基金，官方的干预起到了重要作用。在文成会设立过程中，政府扮演了积极支持的角色。陈遇春等人的筹款目标是三百万吊钱，但实际只收到一百六十余万吊，其余都是认捐而未捐的空头款项。为解决缺项，陈氏便上书府、县要求仿照温州育婴堂成例，将所筹集钱款"分交各典，每月一分五厘起息"，并且要求永嘉县予以备案。温处道李銮宣非常支持陈遇春的这一善举，立即同意他的这一请求，下令府县予以备案，给予合法的身份和必要的协助。应该说，文成会款项能够正式成为一种存典生息的基金是官民合作的结果。当然，在实际操作过程问题仍旧层出不穷，尤其是这给典当行造成了不小的压力。原因是典当行出于利息支出压力而不太愿接受长期存款。就在文成会款项存入未满三个月之际，十一家典当行联名请求在文成会款存满三年之后（嘉庆十二年），"各典缴出本息"，交给官方置买田产，仿照范仲淹设义庄的方式运作。陈遇春等文成会士绅方面则因为"置田生息"模式受自然条件影响而很不稳定，坚持此前"存典生息"之议。正所谓"佃有良顽，岁有丰歉，租有多寡，谷有贵贱。且三年一试，收存谷石，候试期至而始粜，则红朽堪虞，不俟试期至而先粜，则侵用难免"。双方各执一词，陷入僵局。后来，在浙江省布政使介入下，典当商人们才不得不按照陈遇春等人此前所设计的"存典生息"方法办理。筚路蓝缕，好事多磨，一个相对稳定且能够良性循环的教育基金最终得以建立。①

陈遇春创立永嘉文成会的意义是多方面的。一方面，直接资助了温州贫寒子弟，为永嘉一地的科举事业提供了一定的经济支持；另一方面，民间自发组建的文成会，可谓一次"为人所未为"的地方教育制度创新。文成会在经费筹措上摆脱了此前仅仅依赖家庭和宗族独力支撑的局限，开始面向民间社会公开募集资金，并开创了制度化的操作规范，无疑是一次地方教育制度的重要补充。另外，永嘉文成会的示范性意义和风从效应很快得以显现。继陈遇春的文成会之后，"前未师于人，后争效其法，续仿于瑞安，瑞成于乐清，谅平（阳）、泰（顺）、玉环诸壤亦必闻风继起焉"②。受其启发，仅永嘉一县就有永嘉场梯云会、南乡文成会、永嘉上乡云程会相继成立，瑞安、乐清等地亦很快涌现出与之类似的"民间教育基金会"。具体案例详见表6-1。③

表6-1　　　　　　　　　温州地区民间宾兴组织情况

所属地区	组织名称	创立时间	创办者
永嘉县	文成会	1802年开始募款，1804年立案成立	陈遇春
永嘉县永嘉场	梯云会	1871年之前已有	不详
永嘉县南乡	文成会	1873年	叶浚

---

① 参见陈明华《清中后期宾兴款的设置与下层士绅权力的扩张——以温州为例》，《华东师范大学学报》（人文社会科学版）2016年第4期。

② 杨镕：《永嘉文成会记》，《温州历史文献集刊》第1辑，南京大学出版社2010年版，第362页。

③ 表格引自陈明华《清中后期宾兴款的设置与下层士绅权力的扩张——以温州为例》，《华东师范大学学报》（人文社会科学版）2016年第4期。

续 表

所属地区	组织名称	创立时间	创办者
永嘉县	武成会	1879 年	知府张盛藻谕令拨款
永嘉县上乡	云程会	1886 年	徐汸等人
平阳县	文成会	1809 年开始募款	县令周镐、杨云开、查炳华等
平阳县江南镇	文成会	1895 年	杨慕汾、刘绍宽、夏巽申等
平阳县万全镇	文成会	光绪年间	陈彬等
平阳县小南乡	文成会	光绪年间	不详
平阳县金乡镇	文成会	1895 年	徐润之等
瑞安县	兴贤会	1804 年	县署训导杨蕴华、县令徐映台、教谕王殿金等
瑞安县河乡	宾兴会	1870 年	朱养田等人
泰顺县	宾兴会	1875 年	知县李炳厚拨田产

资料来源：张宝琳修，王棻、戴成弼、孙诒让等纂：光绪《永嘉县志·庶政》，《中国方志丛书》华中地方第 475 号；《张棡日记》（手稿本），温州市图书馆藏；刘绍宽纂，王理孚修：《民国平阳县志》卷一一《学校志三》，《中国地方志集成》；浓懋嘉：《金镇文成碑记》，收录于杨思好编《苍南金石志》，浙江古籍出版社 2011 年版；瑞安市地方志编委会整理：《嘉庆瑞安县志》卷二《建置·学校》；泰顺县志编纂委员会：《泰顺县大事记》，《泰顺县志》，浙江人民出版社 1998 年版。

这项事业得到了永嘉及温州各界尤其是读书人的广泛支持，体现了温州人敢为天下先的精神与急公好义的公共意识。1893 年，有鉴于"法多未备"，瑞安陈虬特撰《温郡捐变文成会议》一文，分别从经费筹措、存管、给放以及公杂费处理等方面,提出了自己的改进意见。①

四 同乡会馆组织及其科举教育功能

除了本地的民间助学组织之外,省城与京师等地的同乡会组织对于晚清读书人的科考事业也显得特别重要。道光五年(1825),瑞安林培厚(1764—1830)、许松年(1767—1827)②等人一起在北京正阳门外冰窖胡同设立了第一个温州同乡会组织——浙瓯会馆,专门作为赴京赶考的温州士子们的试邸。后来,温州试子或因他事入都者益众,一馆渐不能容。1886年,黄体芳等人在浙瓯会馆的基础之上,在宣武门外校场五条胡同新设温州会馆。黄绍箕为会馆题联曰:"天上瓯星拱北极,古来浙学重东嘉。"③后来黄绍箕又任旅京浙学堂总理(陈黻宸任监督),集群化运作温州乡谊关系,孙、黄两家亦经常往来雅集,相互奥援。

有研究指出,19世纪中叶到20世纪中叶,会馆、同乡会不仅成为中央(中心城镇)和地方等纵向联系的纽带,而且成为商人、学者和官员相互熟识奥援的平台,也成为宰制各个地方政治的中心场域。④北京温州会馆的中坚人物一直为瑞安籍高官,一开始是林培厚和许松年,然后是黄体芳和黄绍箕。其中,官运亨通的黄氏家族堪为晚清在京温州人的领袖,与身在地方的黄氏族人、孙氏家族等地方精英的互动关系非常密切。黄体芳是"前清流"的重要人物,其子黄绍箕、侄黄绍第则属于"后清流"的行

---

① 陈虬:《温郡捐变文成会议》,《陈虬集》,浙江人民出版社1992年版,第208—209页。
② 林培厚,字敏斋,瑞安屿头人,嘉庆十三年进士,历任重庆知府、天津知府、湖北督粮道等职,有《宝香山馆文集》等。许松年,字蓉隽,号乐山,瑞安人,官至福建水师提督。
③ 参见俞天舒编《黄绍箕集》,《瑞安文史资料》第17辑,政协瑞安市文史资料委员会1998年编印,第50页。另可参见孙延钊《孙延钊集》,上海社会科学院出版社2006年版,第259页;洪振宁《宋元明清文化编年纪事》,浙江人民出版社2009年版,第511页。
④ 参见 Bryna Goodman, *Native Place, City, and Nation: Regional Networks and Identities in Shanghai*, 1853—1937, Berkeley: University of California Press, 1995. 中文译本见顾德曼《家乡、城市和国家——上海的地缘网络与认同,1853—1937》,宋钻友译,上海古籍出版社2004年版。

列。孙衣言在京任官时期也自认是"清流"成员，其子孙诒让也曾在19世纪80年代中期在北京住过一年。孙、黄两大名门望族上下联动，成为影响甚至左右晚清温州地方事务的主要力量之一。① 孙延钊就认为，瑞安五黄"当中晚清间，以文学传家，蔚为时望，遂在政治、教育立业宣猷。与吾家先达结师友，缔姻娅，互以道义相切劘，以志节相矜尚，国人征浙江黎献，每并称瑞安孙、黄，良有以也"②。后文我们会叙述双方在为地方争取政策和资源、推进保甲治安和地方改革、影响诉讼和复兴永嘉之学等多方面的合作关系。

当然，这种结构与分层并不是固定不变的，它会随社会环境的变化而变化。晚清以来，由于社会急剧变化，士绅集团的构成与分层变化亦异常明显。尤其是自1905年废除科举制度之后，地方社会的知识群体通过科举考试获得功名与官职进入地方士绅集团这一精英阶层的梦想从此中断，而接受过新式学堂教育与出国留学的知识分子开始不断从原先的士绅阶层溢出，从事职业之广亦不一而足。这时的知识分子显然不再是旧式士绅，而已经成为"教师、学者、士绅、中学以上学生、自由职业人士（如作家、艺术家、律师、新闻记者等）的代名词"③。相对而言，拥有专业知识与文凭学位已经成为唯一的必要条件，功名与财富等条件已经退居其次，现代意义上的新兴知识分子群体开始成群涌现，原来的士绅阶层逐渐被新兴的知识分子阶层所取代。

在对温州文化个性的研究中，洪振宁、方立明等指出"集群运作"和"抱团现象"是其显著特征之一。洪振宁认为，温州文化的主流是一种通俗的平民文化或草根文化，除了具有平民化与世俗化交织演进——民众自

---

① 参见彭明、程啸主编《近代中国的思想历程（1840—1949）》，中国人民大学出版社1999年版。
② 孙延钊：《孙延钊集》，上海社会科学院出版社2006年版，第356页。
③ 张朋园：《知识分子与近代中国的现代化》，百花洲文艺出版社2002年版，第3—4页。

发创造性、自组织性强这一特点之外，多元共存与互助的抱团现象和集群运作是其另一个至为显著的特质。① 陈傅良对于南宋以前温州当地士大夫的门风有过概括："往时吾乡尚名德，贵门第，士大夫不苟为婚友。"不过后来风气大变，"望姓，世相婚姻"，通过世袭、联姻保持其社会地位的做法已很普遍。② 方立明则进一步指出，温州人以血缘、亲缘和地缘为纽带所形成的抱团现象，其中蕴含了合作共享、重义兼利、尚信守诺、克己勤俭等积极正面的儒家伦理观念。③

"行有余力，则以学文"，当代永嘉涌现出的各种民间奖、助学金组织和同乡组织，当是传统耕读文化重视文化资本和社会资本积累的现代延续，亦是温州地方性文化传统中善于民间集群运作的典型例证。

---

① 参见洪振宁《宋元明清温州文化编年纪事·前言》，浙江人民出版社 2009 年版；《温州文化的个性》，《光明日报》2011 年 2 月 28 日第 5 版。
② 陈傅良：《陈傅良先生集》，浙江大学出版社 1999 年版，第 595 页。
③ 参见方立明《义与利的自觉——温商伦理研究》，上海三联书店 2014 年版，第 71—108 页。

第七章　永嘉耕读文化资源的经济生态价值

　　在传统的农业社会，农村是大多数人生活、繁衍的居所。在许多诗人的笔下，农村有着恬静诗意的田园风光，故而使哲学家发出"人，诗意地栖息在大地上"的感慨。而在人类进入工业社会以来，有相当一个时期，农村环境遭到了破坏，农村建设被人们所忽视，这种破坏和忽视最终阻碍了经济社会的发展，使人们付出了很大代价。

　　　　　　（习近平：《之江新语》，浙江人民出版社2007年版）

　　党的十八大报告指出："文化是民族的血脉，是人民的精神家园。"十八大以来，习近平多次强调发挥中国传统优秀文化的重要性。2013年8月19日，习近平在全国宣传思想工作会议上的讲话中就指出："宣传阐释中国特色，要讲清楚每个国家和民族的历史传统、文化积淀、基本国情不同，其发展道路必然有着自己的特色；讲清楚中华文化积淀着中华民族最深沉的精神追求，是中华民族生生不息、发展壮大的丰厚滋养；讲清楚中华优秀传统文化是中华民族的突出优势，是我们最深厚的文化软实力。"2014年10月15日，习近平在北京主持召开文艺工作座谈会时也谈道：

"中华优秀传统文化是中华民族的精神命脉,是涵养社会主义核心价值观的重要源泉,也是我们在世界文化激荡中站稳脚跟的坚实根基。"中华传统文化以一定的物化的经典文献、文化物品等客体形式存在和延续,又广泛地以民族的思维方式、价值观念、伦理道德、性格特征、审美趣味、知识结构、行为规范、风尚习俗等主体形式存在和延续。[①] 耕读文化是中华文化的优良传统,可追溯至春秋战国时期。耕读文化的内涵十分丰富,包含做人、行事、信仰各个方面。从最初强调自食其力的自立精神,到"勤耕立家,苦读荣身"的耕读文化,再到"耕读传家"的人本精神。虽然当今社会已由农业文明步入工商业文明,但耕读文化的价值是毋庸置疑的。就永嘉耕读文化来说,它是永嘉地区无数先民的历史文化积淀。今天,在经济、人文、思想教育、生态建设等方面都体现出自身的价值。

一 永嘉耕读文化资源的经济旅游价值

近年来,随着人民生活水平的提高,文化旅游的需求也不断增加。充分利用耕读文化资源,对于推动旅游业的发展,促进地区经济发展无疑具有重要的作用。

就永嘉的实际情况来看,其历史悠久、人文荟萃,建县已有1800多年历史,是温州历史之根、文化之源。书圣王羲之、山水诗鼻祖谢灵运等先后出任永嘉太守,特别是谢灵运任永嘉太守期间游遍永嘉山水,写下了许多不朽的诗篇,永嘉也因此被誉为"中国山水诗的摇篮"。从唐至清,永嘉中进士者达700多人,哲学史上诞生了倡导务实弃虚、理财治国的"永嘉学派";文学史上有著名的南宋"永嘉四灵";戏曲史上有人类口头遗产和非物质文化遗产以及"百戏之师"之称的永嘉昆曲。境内的楠溪江风景

[①] 赵蓓茁:《中国传统文化与爱国情结》,《科教导刊》2013年第18期(上旬刊)。

区，面积达671平方千米，山水风光十分优美，生态环境得天独厚，以"水秀、岩奇、瀑多、村古、滩林美"而闻名遐迩，是国内唯一以田园山水风光见长的国家4A级风景名胜区，先后被列入世界地质公园、世界文化和自然双遗产备选清单名录。在众多人文历史古迹中，属国家级重点文物保护单位的有1处，省级重点文物保护单位的有8处，县级文物保护单位的有108处。

不仅如此，近年来浙江省温州市美丽乡村建设和相关评选中，永嘉县耕读文化建设较好的地方也榜上有名。如2016年度浙江省美丽乡村特色精品村名单中，永嘉县岩头镇下日川村、岩坦镇黄南林坑村、沙头镇豫章村、大若岩镇埭头村和大元下村共5个村入选。这些乡村大都实现了将耕读文化资源开发与现代时尚旅游业结合起来，努力建成一村一品、一村一景，打造青山绿水、小桥流水人家的美丽景象，让美丽乡村美不胜收。同年，永嘉县15处地名被列入温州市地名文化遗产重点保护名录，分别是岩头镇、枫林镇（古镇）、苍坡村、芙蓉村、岩龙村、屿北村、埭头村、张溪林坑村、大若岩陶公洞、狮子岩、石桅岩、丽水街（岩头）、圣旨门街（枫林）、笔街（苍坡村）、三退巷（苍坡村）。2017年，浙江省民政厅公布浙江省首批千年古镇（古村落）文化遗产名单，永嘉县岩头镇芙蓉村上榜。

应该说，近年来，正是得益于永嘉独特的人文环境，永嘉旅游业获得了较快的发展，主要表现为以下方面。

第一，旅游整体实力有了突破。2011年至2015年10月，全县累计接待游客2039.61万人次，年均增长约20%；旅游总收入153.57亿元，年均增长约21%；门票收入11857.09万元，年均增长约22%。以吃、住、行、游、购等为主体的旅游产业体系日趋完善，现有省级农家乐旅游村5个，农家乐特色村（其中省级两个）8个，农家乐示范点26个，星级农家乐141家，带动了农村服务业、交通运输业、高效生态农业的迅猛发展。

第二，在旅游精品打造上有了突破。累计投入 4 亿多元，重点用于景区基础建设、古村落保护利用、环境整治和民宿等项目奖励补助，成功培育了芙蓉、苍坡、林坑等一批中国传统村落和中国景观村落，打造形成一批乡村旅游精品线路，成功创建"中国乡村旅游模范村"1 个，"中国乡村旅游模范户"3 个，"中国乡村旅游金牌农家乐"4 个，等等。

第三，在旅游形象宣传上有了突破。突出"山水灵韵、桃源楠溪"等主题，拍摄了专题宣传片，制作了旅游指南、手绘导游图等宣传资料，设计编排了旅游精品线路。加强与中央电视台、香港《文汇报》、浙江卫视、浙江在线等主流新闻媒介和旅游创意策划单位的合作，投放楠溪江旅游整体形象广告，成功举办了森林旅游节、中国楠溪江山水文化旅游节、浙江山水旅游节、国际房车露营高峰论坛、运动休闲旅游节和户外嘉年华等系列节事活动，全力推广"中国长寿之乡"品牌，楠溪江旅游的知名度和美誉度不断提升。

下面请看相关报道。

文化旅游节

世界小姐参观旅游节

永嘉行驶在"全域旅游"的快车道上①

永嘉从不缺风景,光景点就有上千个,怎么让这些星罗棋布的景点与游客无缝对接呢?于是,全域旅游成为课题进入我们的视野,特别是 2016 年国家旅游局公布了全国 238 家第二批"国家全域旅游示范区"创建名单,幸运的是永嘉县名列其中。

"全域旅游"是将特定区域作为完整旅游目的地,进行整体规划布局、综合统筹管理、一体化营销推广,促进旅游业全区域、全要素、全产业链发展,实现旅游业全域共建、全域共融、全域共享的发展模式。为此,国家旅游局决定开展"国家全域旅游示范区"创建工作,推动旅游业由"景区旅游"向"全域旅游"发展模式转变,构建新型旅游发展格局。

---

① 《永嘉行驶在"全域旅游"的快车道上》,中国永嘉公务网,2017 年 2 月 17 日。

楠溪江流域以水秀、岩奇、瀑多、村古、滩林美而闻名遐迩，是国家级风景区中唯一以田园山水风光见长的景区。楠溪江八大景区共八百多个景点，特别是近年来，从"景点旅游"转向"全域旅游"的理念实现渐进式开发。

二 永嘉耕读文化传统与现代企业文化

永嘉耕读文化传承千年，其中，永嘉学派影响深远，堪称永嘉耕读文化沉淀传承的结晶。永嘉学派的形成与南宋时期永嘉地区商品经济的发展有密切的关联，当时永嘉地区出现了富工、富商及经营工商业的地主，永嘉学派代表了这些新兴阶层的利益，著书立说。政治上，强调以民为本，改革弊政；经济上，坚决反对中国传统的崇本（农业）抑末（工商业），主张把国力的培育建立在繁荣工商业的基础上，认为应该"通商惠工""扶持商贾"，发展商品经济。学术思想上，永嘉学派主张义利并重和经世致用，大胆质疑当时朱熹的"理学"、陆九渊的"心学"，主张义利相和。传统的儒家学说认为君子应该为义不为利，明其道不计其功；而永嘉学派反对脱离实际的空头理论和烦琐哲学，认为"义"不可剥离"利"而存在，提出了"利和义，不以义抑利"的观点，把"义"和"利"两者统一起来。

改革开放以来，永嘉的民营经济蓬勃发展，永嘉企业文化也空前繁荣。在传承永嘉学派独特的商道文化基础上，开启企业化的现代商旅，也可以说是对历史上"永嘉文化"的折射。其精髓就是反对空谈，讲究实效，主张义利并举。它倡导事功之学，使温州人更早地有了市场经济的文化底蕴，从而激发着温州人为生存自我创业的精神，并随着市场经济的发展，得到进一步的创新和发展。

红蜻蜓"亦商亦文,以文促商"的企业文化[①]

红蜻蜓股份公司董事长兼总裁钱金波一直致力于寻求商品与文化的交融。1999年10月,红蜻蜓成立全国第一家鞋文化研究中心。

钱金波的企业的价值观和管理理念,更是富有哲理——

诸如,从距离中寻求接近;

诸如,归零跨越;

诸如,一段距离的结束是另一段距离的开始;

诸如,管理者要着眼的是明天,而不是已经过去的昨天。

2007品牌中国年度人物颁奖典礼上,组委会对被评为"十大品牌中国年度人物"的钱金波的一段精彩的评语,可以说是对红蜻蜓儒商文化的描述——

他领导的红蜻蜓历经12年走出了一条独特的"自然、自由"之路,让两亿中国人穿上红蜻蜓皮鞋;他尝试突破行业发展瓶颈的科技之路,与国际顶级运动鞋机构合作,做到了鞋业的"科技INSIDE";他让红蜻蜓前瞻性地选择了以品牌技术为企业发展的突破口,让人领悟到消费类产品的长久生命力来源于文化内涵。放眼中国,我们看到的是一个另类的个性文化商人,具有前瞻性的民营企业家的生力军。

奥康集团的创新创意文化

从1988年创建于温州的一家民营制鞋小厂,到今天领军国内制鞋业,奥康集团20年来的发展之路,一直和创新创意紧密相伴。对内的

[①] 《企业文化独树一帜》,永嘉网,http://www.yjnet.cn/system/2011/04/06/010763486.shtml。

生产管理，对外的市场开拓，以及品牌打造，都是创新多多，创意多多。

诸如杭州雪耻——1999年12月15日，杭州市郊中村，王振滔和温州市、永嘉县领导一起，在当年火烧温州鞋的地方，在这块曾让温州鞋蒙羞的土地上举起火把，点燃了从全国各地收缴来的堆积如山的假冒奥康鞋，向世人表明：温州人同样痛恨假冒伪劣。随后举行温州皮鞋展销会。

如单就火烧劣质鞋这一角度看，这只是企业举办的一次维权活动。但这次活动一经与温州鞋业坎坷的大背景联系起来，尤其是与1988年杭州火烧温州鞋这件令温州人痛心的史实联系起来，其意义非同一般。对于整个温州鞋业同行来讲，这把火又是温州皮鞋"翻身做主"的标志性事件，真正令温州人扬眉吐气。温州市前市长钱兴中说：这把火可以写进温州的历史。对奥康而言，这句话无疑是对这次策划活动的最好评价。

诸如"五一"促销——2000年4月29日至5月1日，为庆祝"五一"劳动节，奥康集团在浙江省所有的奥康皮鞋专卖店开展促销活动。凡编号尾数为"五一"的人民币，均可按面值翻倍使用。从而在浙江市场上引发了一场罕见的抢购奥康皮鞋的狂潮。这个创意简直是一个奇迹！从4月29日到5月1日，短短三天时间，奥康皮鞋在浙江省范围内的销售额高达1800多万元。人们排起长队购物，不少地方引起交通堵塞。到银行取款的人令银行工作人员应接不暇。当时有报纸报道说：这次促销，奥康专卖店卖得只剩下货架和营业员了！同行们无奈地感叹："节日的生意都让奥康做了。"

由上述案例可知，"功利并举""农商并重"的永嘉文化对温州人的影响是很深远的，它强化了温州人的市场经济观念，成为改革开放新时期温州民营经济率先快速发展的重要思想基础。与此同时，在发展市场经济的过程中，诚信、创新等基因也融入企业文化之中，从而促进了温州民营企业的健康发展。

三 永嘉耕读文化资源与美丽乡村建设

在几千年的农耕经济中，中国先民发现，大自然虽然给人类提供的物质财富是有限的，但它提供给人类的精神财富却是无限的。中国五千年中形成的诗经与易经、道家和儒家等丰富多元的文化，都根源于中国先民"仰则观天文，俯则察地理"的自然智慧。在几千年历史形成中的古代乡村文明，本质上是"耕读"文明。即通过"耕"来满足物质需求，通过"读"来满足精神提升。正是这种在耕读中形成的物质与精神的均衡互动，成为中华文明长寿的秘密。可以说，以耕读为主题和主线的中国优秀传统文化包含着当代中国乃至当今世界永续发展的重要基因。

中国特色的生态文明是在生态文明的时空中，实现人类与自然、传统与现代、乡村与城市、东方与西方、物质与精神、创新与传承、生活与生产等一系列的系统整合，而承担这个系统整合的载体，只能是携带着不同信息和基因的城市与乡村二元共生的载体。因此，保护耕读文化对于生态文明建设无疑具有重要的意义。

从永嘉现实来看，永嘉存在大量的古村落，这些村落多为单姓宗族村落，历史悠久，先祖在选址方面多会遵循古代堪舆学，背山面水，匠心独具，讲求"天人合一"。村落建筑年代旷远，风格独特，有较高的人文价值和审美价值。这些成为现代化进程中乡村历史文化演变的宝贵历史文化资源。农村文化资源的存在，是与地域内自然环境、人的生存方式等融为一体的，是一种活态整体的文化存在，其文化魅力是有巨大吸引力的。永嘉在耕读文化保护中，实现了耕读文化建设与生态文明建设的有效互动。

目前,全县生态环境总体状况保持良好,生态环境质量指数连续多年为优,名列全省前茅。永嘉县域有楠溪江、西溪、菇溪、乌牛溪四大水系,其中楠溪江属于瓯江下游最大的支流,全长139.8千米,流域面积2489.97平方千米,是永嘉人民赖以生存的母亲河。从20世纪80年代开始,永嘉县就把楠溪江的生态资源确立为永嘉最显著的特征、最重要的优势、最响亮的品牌和最宝贵的财富,关闭了楠溪江中上游所有的工厂,全面实施最严格的产业发展控制政策。1988年,楠溪江被国务院批准为国家级风景名胜区,2002年被批准为国家4A级旅游区。目前,楠溪江中上游常年保持在Ⅰ、Ⅱ类水质,享有"天下第一水"的美誉,成为全市乃至全省重要的战略水资源。永嘉地处亚热带季风气候区,四季温和,雨量充沛,年均气温为18.2℃,年均降水量为1702.2毫米,年均日照时间为1820.2小时,年平均无霜期为280天,拥有国家级和省级森林公园各1个,全县森林覆盖率达72.77%,城镇人均公共绿地面积达12.1平方米,空气质量全年保持在国家二级标准以上。

不仅如此,近年来永嘉大力推进美丽乡村建设,积极创建省级美丽乡村示范县,出台了《永嘉县美丽乡村精品线(风景线)建设实施方案》,具体举措主要包括以下几点。

第一,三大战略引领——永嘉县坚持以"大都市核心区、大生态旅游区、大统筹示范区"三大战略引领美丽乡村建设。永嘉抓住温州北部交通枢纽进一步完善的契机,瓯江北岸更全面融入"1650"大都市核心区;依托楠溪江得天独厚的人文自然优势,充分挖掘景区、古村落、旅游景点的资源潜力;同时紧抓城乡一体化发展契机,补齐山区发展和乡村发展的短板。

第二,环境整治助推——全力推进"四边三化""三改一拆"、青山白化治理、"双清"等专项行动,城乡环境面貌日益改善。截至目前,该县农村生活垃圾集中收集处理率达95%，农村生活污水治理行政村覆盖率达63%，农村卫生户厕改造率达87.6%，已建成市级生态村144个、县级以上文明村189个。不少永嘉龙头企业主动请缨，义务担任"河段长"，包干道路和河道保洁工作。

第三，产业转型支撑——美丽乡村建设的出发点和落脚点就是要老百姓过上精神富有、物质富裕的生活。永嘉主动对接温州都市经济圈，发展生态农业、效益农业、休闲农业、观光农业、体验农业等，实现"农"字要素自由流转和农业规模化经营。同时，通过古村落保护和利用，引导发展民宿业，大力延伸旅游产业链，结合新农村建设等系列工程建设，改善山村生活、生产环境，并借助"中国长寿之乡"这块金字招牌，引进养生保健中心项目，打造楠溪江养生休闲中心。

第四，文化基因植入——楠溪江两岸的古村落承载着厚重的历史和人文，永嘉美丽乡村建设就是要传承永嘉良好的文化和旅游基因，将楠溪江的文化内涵外化为"美丽乡村"之形。为此，永嘉县积极引导本地戏剧曲艺进景区景点，推动文化和旅游的融合；引导本地知名品牌在楠溪江景点开展新产品发布推介和时尚流行发布会，让楠溪江成为时尚流行趋势展示发布地；打造楠溪江文化园，将其建设成为集古村落保护、非物质文化资源传承、二代产业创意研究等于一体的"文化创意产业园"。

第五，体制机制创新——永嘉建立"九联系"制度，由县四套班子挂钩联系美丽乡村、"四边三化"等重点工作。创新实行"身份证"式管理，把"四边"区域环境整治点放入目标任务库，每个点都有一张信息卡片，实行动态管理和完成销号制度。强化督查问责的力度，每个月由县委书记和县长组织督查，实行"一周一督查、一月一考核、一季一追责"。加大拆违力度，搭建融资平台，保障美丽乡村建设中的各项要素。

请看相关新闻报道。

徜徉楠溪畔兮，邂逅桃花源——永嘉加强生态建设①

走进吟咏诵读间的永嘉，徜徉于楠溪江畔的山山水水、片片桨声帆影中，美丽乡村的创建，没有给这里带来尘世的喧嚣，却多了几分清丽脱俗的气质。

不管是涓涓细流淌过街头巷尾的芙蓉古村、灯影绰绰的丽水古街，还是壁立千仞的崖下库、千舟竞发的狮子岩，抑或是"渔樵耕读"传统视野里的永嘉书院……这里的美，是岁月里的不言不语，是烟雨朦胧里的匆匆往事，也是纵情写意的山水画卷。

依山傍水画乡容

美丽乡村，是永嘉的一张金名片。今年永嘉有了大手笔：打造100个特色村头、100个休闲桥头、100个美丽田头和3000个精致门头。

楠溪江晨雾（永嘉县委宣传部提供）

---

① 尤建明、郑胜勇：《徜徉楠溪畔兮，邂逅桃花源》，《浙江日报》2016年9月7日。

楠溪江与瓯江交汇处

千年古县（叶新人 摄）

田园风光与洁净村庄，是美丽永嘉的一大亮点。漫步于大若岩镇水云村，一幢幢造型别致的民房错落有致，房前屋后花木葱茏、枝叶扶疏，全长 8.15 千米的水云溪像一条美丽的绸带贯穿全村，风景旖旎让人啧啧称赞。尤其是富有特色的村头、休闲的桥头、美丽的田头、精致的门头更让人流连忘返，吸引众多游客慕名而来。这是永嘉创新美丽乡村建设载体，依山傍水画乡容的一个"盆景"。

目前，永嘉县着力"全域景区化"打造和楠溪江核心景观提升。永嘉县政府相关负责人介绍，永嘉山水景观、田园风光和文脉传承，已经形成了自身优势，依托楠溪江把美丽乡村建设作为耕读文化的重要组成部分，永嘉的山水长卷才是完整的。

精雕细琢寄乡愁

"三百里楠溪江诗情画意，八百年古村落唐风宋韵。"永嘉的绿水青山驻留的文明，是穿透记忆的射线。婉约诗韵、田园牧歌、古老遗存，都浸润着山水灵性，让人恣意放纵而又静穆相守。永嘉精雕细琢地方文化，投资 3500 多万元，构筑了一个安放乡愁的无围墙"博物馆"。

在永嘉人眼里，绿水青山并不是孤立的山水，还包含着祖辈流传下来、与山水相依相偎的文化元素。斜阳古道边，古村落、古民居、古树名木……无不静默诉说着流淌于历史中的乡愁。千百年的耕读文化，是山水间不可或缺的血脉。如今，这些历史遗存伴随着"绿水青山就是金山银山"的推进，正在体现出全新的价值。

第八章　永嘉耕读文化传统的核心价值理念

中国传统文化博大精深，学习和掌握其中的各种思想精华，对树立正确的世界观、人生观、价值观很有益处。

（习近平在中央党校建校八十周年庆祝大会上的讲话，2013年）

深入挖掘中华优秀传统文化蕴含的思想观念、人文精神、道德规范，结合时代要求继续创新，让中华文化展现出永久魅力和时代风采。

（习近平在中国共产党第十九次全国代表大会上的报告，2017年）

在中华文化大传统之中，有着多种多样的、深具地域特色的地方性小文化传统，正是有了它们，中华文化才显得多姿多彩，活力无限。它们一方面都带有中华文明的普遍特征，另一方面又表现出独具一格的地方性内涵，相互之间竞争交流，和而不同，由此形塑了中华文明的文化多样性。但是，一个地方之所以不同于另外一个地方，不仅在于地容地貌、风水环境等自然条件的不同，更在于每个地方都有其自成一体的文化生态，有其一套表现为集体无意识的生活方式、价值共识或默会知识。永嘉山水甲天下，而永嘉人文亦与众不同，这突出体现在永嘉耕读文化传统中所贯注的核心价值理念上。

一　勤劳敬业的生存理念

勤劳敬业是中华民族的传统美德。在我国五千年历史长河中，从来不缺乏关于勤劳敬业的论述和人物。《易经》载"天行健，君子以自强不息"之句，孔子读《周易》致韦编三绝，大禹治水三过家门而不入；司马迁发奋成史家之绝唱；诸葛孔明辅政鞠躬尽瘁，死而后已，等等，勤劳已经深入中国文化当中，正是人们的辛勤劳动推动着中国不断发展、进步。在先秦的重要典籍中，"敬"是重要的价值概念。"敬"最初来源于人类的宗教活动，表现为人对超自然之物的敬畏之情。在历史长河中，儒家对于"敬"的不断提升和理性化过程，使得它演变为主体理性自觉的一种能力。[①]"敬"由直承忧患意识而来的对事的谨慎、认真的心理状态，扩展为一种被广为认同的社会价值。可以说，勤劳敬业已经作为一种传统文化基因，深深地嵌入了中华民族生生不息的血脉之中，成为中国人的内在素养和民族精神。

永嘉耕读文化作为中华民族优秀传统文化的重要内容，其重要内涵即为勤劳敬业。从字面意义而言，"耕"即从事农业劳动，耕田可以事稼穑，丰五谷，养家糊口，以立性命；"读"即读书，读书可以知诗书，达礼义，修身养性，以立高德。在生产力不发达和以科举取士为主要选官制度的中国古代社会，唯有辛勤劳作和读书才能维持生存和晋身仕途。以温州永嘉为例。永嘉虽处滨海，有渔盐之利，但是古代科学技术不发达，时有台风之患、瘟疫之疾，毕竟谋生不易，生存维艰，因而培养了一种勤劳耐苦、自力更生的精神传统。"八水二山一分田"的特殊地理环境，围垦海荡，向大海要土地，成为永嘉人维持生存所必需，也是永

[①] 梅珍生：《用优秀传统文化涵养"敬业"的价值》，http://www.policy.net.cn/zcwg/12/484.aspx，2016年12月12日。

嘉人勤劳耐苦、理性智慧的主要表现之一。"据考证，从天柱寺夻底三光殿大绛距今海边涂头的围垦遗迹，发现祖先向大海要土地，已经过大小九次建绛围垦海荡。"① 今日永嘉人仍旧延续着旧日永嘉人勤劳耐苦、自力更生的精神，继续围垦滩涂，向大海要土地。可以说，永嘉的历史，就是永嘉人自力更生、勤劳创业的历史，这不仅深深影响了一代代永嘉人，其对当代中国公民，特别是对青年学生进行勤劳敬业教育也有重要的意义和价值。

二 好学乐读的品质人生

好学乐读在我国几千年来的文化活动中始终是一面旗帜，也是我国古代知识分子步入仕途的主要方式。永嘉人好学乐读的传统由来已久。西汉末年，北方地区战乱，不少士族和大批农民、手工业者避乱到江南，开始了中原文化和吴越文化的融合，温州文教的发展出现契机。西晋太康年间（280—289）创建平阳县学宫，东晋太宁年间（323—326）创设永嘉郡学，均属于永嘉境内最早的地方官学。五代时，由于长期战乱，官学逐渐凋零，私学应运而生，并取代官学地位。唐代以后，各县相继建立县学。北宋时，温州学者以研讨学术为宗旨，聚徒讲学，一时书院纷立，八方士子来归。浙南元丰太学九先生（周行己、许景衡、刘安节、刘安上、戴述、沈躬行、蒋元中、赵霄、张辉）传播洛学与关学，在当时均极具影响。永嘉学术从此兴起。宋室南渡后，建炎三年（1129），将杭州行在所升为临安府，并在绍兴八年（1138）定都于临安府，中原的望族和百姓开始大规模迁徙到东南沿海一带，浙江成为当时全国的政治、经济和文化中心，教育进入了兴盛时期。

---

① 万松：《龙湾聚落空间的生态文化演变》，《今日龙湾》2009 年 6 月 24 日第 1 版。

清朝末年，政治腐败，国力衰微，在外国列强瓜分中国的民族危机中，爱国志士纷纷提出"救亡图存"的社会主张，其中教育救国思潮和实业救国思潮影响最大。地处东南沿海的温州更是深受影响。况且，温州从永嘉学派开始就有重视教育、重视人才的传统，更有经世致用的渊源。出现了一个兴学自强、实业救国的群体，对温州近代的教育、经济产生了重大的影响。在这个群体中，最为著名、影响最为深远的是孙诒让。

1895年，孙诒让牵头，邀集地方士绅商谈筹办地方书院。在筹备会上，孙诒让提议筹办与算学相关的书院，他认为算学是西学中最重要的学科，是"致用之本"。他的提议得到士绅们的赞同，1896年，瑞安学计馆正式创立。此后，孙诒让又先后牵头创立了瑞安方言馆、瑞安县普通学堂、瑞安蒙学堂等学校，传授物理、化学等现代科学知识。同时，他还相继担任温州府学堂校务总理、温州和丽水联合学务分处总理、浙江省教育总会副会长等职。孙诒让的教育事业也由瑞安一县逐步推广至浙南地区。在任内，孙诒让积极筹集教育资金，选派优秀学生出洋留学，创办女学。孙诒让一生在温州和丽水两地16个县创办的小学、府、县中学堂和师范学堂，共计300余所。

在耕读文化的长期浸染下，永嘉人养成了崇文好学的学风，涌现了一批又一批知名学者、专家和人才。在历史上，根植于科举制度的永嘉耕读文化成绩可谓辉煌。从唐至清，永嘉一共考取过711位进士，其中北宋50人，南宋526人。宋咸淳元年乙丑（1265）榜进士中，永嘉籍的有36位，其中包括芙蓉陈虞之和蓬溪李时靖。宋代，永嘉花坦村朱氏和表山村郑氏都有进士，豫章村胡氏有一门三代五进士，溪口村戴氏父子进士。永嘉不愧为"进士之乡"。

进士以下的科甲成就，历朝历代，不胜枚举。

书院里的青灯古卷如今已烟消云散，但永嘉人对知识的崇敬、对文化的追求并没有随着时代的变迁而消失。在现代生活中，永嘉人始终保持着好学乐读的品质，涌现了如陈光中、李大鹏、林曦明、林冠夫、朱则杰、陈惠芳、徐贤修、金惟纯、王春光、陈忠康、叶长海、周五一等专家学者。下面就媒体报道作一简单介绍。

著名法学家陈光中[①]

陈光中，1930 年 4 月 23 日生。著名法学家、法学教育家，新中国刑事诉讼法学的开拓者和重要的奠基者。1952 年 7 月毕业于北京大学法律系。2001 年，被中国政法大学授予终身教授称号。他长期致力于刑事诉讼法学、证据法学、中国司法制度史和国际刑事人权法的研究，为培养法学高级人才，发展诉讼法学特别是刑事诉讼

---

① 关于陈光中教授材料主要来自百度百科：baike.baidu.com/item/陈光中/81125? fr = aladdin。

法学，改革和健全中国刑事司法制度，加强刑事司法人权保障，开展国内外诉讼法学交流做出了卓越的贡献。其主要贡献有以下几项。

第一，刑事诉讼法学的开拓者和重要的奠基者。

第二，积极参与国家立法，为我国刑事诉讼法的修改做出了突出贡献。陈光中教授于1993年接受全国人大常委会法工委的委托，亲自带领中国政法大学刑事诉讼法的专家学者，进行国内外的调查研究，经过近一年的奋斗，提出了《中华人民共和国刑事诉讼法修改建议稿》，并加以论证。该建议稿共三编329条，连同论证的内容达35万字。该稿上报全国人大常委会法工委后，65%的条文为1996年新修正的刑事诉讼法所吸收。进入21世纪，陈光中教授主持的中国政法大学刑事法律研究中心组织部分国内知名的本学科专家做了长期、系统的专门研究，草拟出了《〈中华人民共和国刑事证据法典〉专家拟制稿（条文、释义与论证）》。2004年，陈光中不顾年逾古稀，主动成立了刑事诉讼法再修改课题组。历时四载，在国内试点和调研工作以及国外考察的基础上，最终完成了《中华人民共和国刑事诉讼法再修改专家建议稿与论证》，该书在社会上产生了较大的影响，并引起立法、司法部门和法学界的重视。陈光中教授不仅对我国刑诉法的修改做出了卓越的贡献，而且对我国宪法、律师法、国家赔偿法等法律的制定或修改也十分关心，并积极参与献计献策。

第三，辛勤培育人才。陈光中从1979年开始担任硕士生导师，1986年成为全国第一位诉讼法学博士生导师。在他长达六十余年的教学生涯中，先后教过本科生、硕士、博士研究生、干部专修班、师资进修班等，至今已培养出博士80余人。他的学生有的已成为教授、知名中青年学者，有的已成为政法部门的骨干，有的活跃于海外律师界，真可谓桃李满天下，学子成栋梁。为了奖励优秀的硕士生、博士生，陈光中在其学生、亲友的支持下，于2002年成立了"陈光中诉讼法学奖学金基金会"，面向全国，对学业优秀的硕士生、博士生进行奖励。

中国工程院院士李大鹏[①]

李大鹏自幼迷恋中药，青年时代就立志振兴民族医药工业，实现中医药现代化，献身于人类抗癌事业。1976年上海医科大学药学院毕业，进入浙江中医药大学附属医院工作。在设计研究的主攻方向时，一次偶然的机会，他查阅到一条信息：日本东京大学药学科学院正在研究中国薏苡仁的抗癌药理，并分离出一种具有抗癌活性的单体化合物——薏苡仁酯。这条消息深深地触动了李大鹏，他想，既然有明确的抗癌作用，而我国又盛产这种中药，为什么我们就不能从中提取化合物呢？从那时起，李大鹏开始全心投入薏苡仁的研究。在一次试验中试剂发生爆炸燃烧，他为保护国家、人民的财产和生命，全身80%以上的面积严重烧伤。经过治疗，意志坚强的他创造了奇迹，坐着轮椅回到了实验室。在课题组全体同志和协作单位的齐心努力下，仅用一年的时间完成了两年半的任务，终于从中药薏苡仁中发现并分离提取到一组既能有效抑杀癌细胞，又能提高机体免疫功能的新抗癌化合物——薏苡仁甘油酯；并率先研制成功拥有自主知识产权的抗癌中药静脉乳剂——康莱特注射液，从而自主创立了我国静脉乳剂的共性技术平台。1993年，康莱特注射液通

[①] 《记中国工程院院士李大鹏》，中国创新品牌网，http://www.kjcxpp.com/yuanshi.asp?id=2930。

过了科研成果鉴定,吴阶平、吴孟超、董建华、顾学裘等院士、专家组成的专家委员会认为"该项成果为中药制剂的现代化、科学化丰富了新工艺和新剂型,为发掘提高我国中医药宝库做出了重大贡献,达到国际领先水平"。

李大鹏没有满足康莱特注射液取得的巨大成功,一直在中药制备工艺的创新上苦苦求索。国内外中药的提取制备传统工艺以液体溶媒为主,尤其数以百计的脂溶性药物提取制备一直沿用有机溶剂为溶媒,工艺耗能多,环境污染严重,复杂费时,得率、纯度低,成本昂贵,生产安全性差。李大鹏自1996年开始立题研究"超临界二氧化碳萃取中药有效成分产业化应用技术"。经过近十年的攻关,解决了该技术产业化萃取技术工艺的压力、温度、时间、二氧化碳流量、设备等系列核心技术难题以及超临界萃取技术萃取易、分离纯化难的技术瓶颈,成功发明了超临界二氧化碳萃取和分离纯化薏苡仁甘油酯产业化工艺,并首创超临界萃取技术原理与精馏分离技术原理耦合,实现产业化技术工艺及设备集成创新,创建了我国超临界二氧化碳萃取中药有效成分的共性技术平台。创新工艺使产品得率和纯度显著提高,生产成本降低了22%,工时从112小时缩短至2.5小时,每年节省石油能源10余万吨,并根治了环境污染,且产品质量明显提高,使中药现代化向前迈进了一大步,展示出巨大的产业化推广应用前景。

2007年2月27日,国家科学技术奖励大会上,"超临界二氧化碳萃取中药有效成分产业化应用技术"获得2006年度国家技术发明二等奖。这是中药技术成果首次获得高级别国家技术发明奖励,也是我国中医药事业发展史上目前获得的最高发明奖项。温家宝同志亲自为李大鹏颁发"国家技术发明二等奖"证书,并鼓励李大鹏"你是搞中药的,中药要发展"。

在事业获得巨大成功的同时,李大鹏不忘回报社会。他累计捐资5000多万元用于赈灾扶贫,建立了5所希望小学,还设立了中国中医药事业发展基金、抗癌事业基金、下岗女工救助基金、失学儿童和贫困大学生助学基金以及孤寡老人养老基金等各类援助社会弱势群体基金共计2.2亿元。

与山水终生有约的林曦明[1]

---

[1] 本材料部分来源于百度百科:https://baike.baidu.com/item/林曦明/4233140?fr=aladdin。

林曦明，1925年生人，原名正熙，号乌牛，擅长中国画、剪纸。林曦明的父亲是位民间画匠，受地方民俗影响和家庭熏陶，他4岁开始就喜欢画画。10岁时入乡村私塾就学，攻读诗文，后到正式学校读书，那时他仍不忘临摹当时的香烟牌头的戏剧人像。后因家境贫寒而辍学，14岁随父亲学艺，绘制民间壁画、漆画、泥塑和刻制剪纸。

20世纪40年代初，林曦明师从著名国画大师苏昧朔，为其入室弟子。1946年，林曦明20岁时，在温州神州画苑举办个人画展，展出了表现民间风俗（如街头卖艺、渔、樵、耕、读等）的中国画百余幅。能够看到作于这个时期的《关公读春秋》和《执剑锺馗图》，颇能显示他在人物造型和笔墨上的悟性与才华。

80年代是林曦明个人艺术风格的成熟期，他的简笔浓墨山水画几乎成为人们识读林曦明山水画的一个符号。

由于他在创作中追求的是一种在不即不离中自由如意地抒发着自家的真情感受，表现的是一种轻盈、流动而又潇洒的线条，运用的是一种清淡而又丰富变化的色彩，从不把忧伤与重负留给观者，因而在他的水墨大写意中，极富人生感与人情味。可以说，是林曦明的这些洋溢着自然气息的山水作品，改变了以往明清主流山水画不食人间烟火的出世意蕴，这是他对传统山水画的现代化做出的贡献。

红楼梦学者林冠夫

林冠夫1936年生于浙江永嘉，1962年毕业于复旦大学中文系，同年考取复旦大学中文系研究生，师从刘大杰、朱东润等古典文学研究名家。1965年研究生毕业后，先后在中国影协、国务院文化组等单位工作，1975年始任职于文化部文学艺术研究院（今中国艺术研究院前身）。曾任中国艺术研究院研究员、中国红楼梦学会副会长。曾以秦谙、观夫为笔名，创作过多篇寓言、小说。

20世纪70年代初，林冠夫先生参加了《红楼梦》新校注本的校勘定稿工作，并由此对《红楼梦》版本展开了深入研究，他对诸多《红楼梦》版本如甲戌、己卯、庚辰、王府、舒序等，从面貌特点、文字异同以及流传过程等诸多方面进行源流辨析，写成《红楼梦版本论》一书，解释了许多版本的疑问，是红学史上有重要价值的论著。

在教育发展方面，近年来，永嘉县政府不仅加大对教育的投入，而且涌现了诸多教育基金会，进一步推动了永嘉教育事业的发展。如中国泵业巨子、永嘉籍著名企业家、中国凯泉集团总裁林凯文先生，自2003年设立2000万元"林凯文教育基金"以来，每年计提利息80万元用于资助品学兼优而家庭相对困难的高中生、大学生和研究生，为家乡的教育事业和人才培养做出了杰出贡献。2009年8月成立的"楠溪情"教育基金，由鹤盛镇6位企业家斥资2800万元设立，该基金会每年从该基金中捐出利息80万元，奖励鹤盛镇品学兼优的学生、办学有特色的学校和全县德教双馨的教师。2017年2月桥头成立"菇溪情"教育基金，百名企业家捐资6612万元。所有这些，对于永嘉教育发展，对于培育永嘉人好学乐读的优良风尚都具有重要的作用。

三 立德事功的人格修养

立德事功或曰功利主义思想早在我国2000多年前就产生了。我国古代的功利主义思想与义利之争有着密切的联系。义即为道德，利是以物质利益为主要内容的利益诉求。义与利的关系，可以看成道德与各种利益之间的关系。关于义与利的关系，有着极为复杂的内容，它既包含着道德与一般意义上物质利益的关系，同时还包括个人利益与社会集体利益、阶级利益与民族利益、精神生活与物质生活等方方面面的关系。事实上，出于封建统治阶级的阶级利益和统治需要，在漫长的中国封建社会中，在主流政治思想中占据主导地位的是儒家的重义轻利的道德观。以永嘉学派为典型代表的永嘉耕读文化，相比儒家传统"重义轻利"的观点，有其独特的内涵和特点。它在强调义利统一的同时，强调仁、义必须表现在功利上，否则仁、义就会成为没有实际内容的空谈，最后仁、义本身也就无法存在。叶适强调仁义道德应以功利为内容，而且通过功利表现出来，功利是义理的外化，义理离不开功利。没有功利，道义是句空话。他说："崇义以养利，隆礼以致力。""利，义之本也"，"义"乃养"利"的手段。但是永嘉学派的功利主义绝不是道学家们所指责的那样"坐在利欲胶漆盆中"。因为他们所提倡的功利主要是指国家民族的社会公利，而并不着重于个人私利。永嘉学派的功利主义是一种反对空谈义理、力倡"务实"的义利并重思想，功利只不过是一种立场，"务切实用"才是永嘉功利根本的和最终的目的。

永嘉耕读文化资源中所蕴含的关于功利观的积极内涵，只要我们善加利用，将有助于在全社会培育和树立务实求实的精神，从而有效引导人们树立正确的世界观、人生观和价值观。

四　友善文明的社会风尚

中华民族是一个农耕文明民族。在我国古代，人与人之间主要依靠血缘关系来维系种族的生存与繁衍，即便在奴隶社会的夏、商、周三朝，维持家族伦理、国家长治久安最根本的依然是血缘关系。这种社会形态，注重人际关系，由血亲关系而推及社会，由家族而推及国家（天下），形成了中华文明道德构建的一条鲜明脉络，即文明友善。孔子在《论语》中认为"有朋自远方来，不亦乐乎"，充分体现了以友善为人生乐趣，孔子将"友善"作为君子的标志。

永嘉很多古村落都是单个血缘的姓氏，耕读传家、从文重教贯穿家族发展的始终，其中，家训家规对于约束家族成员、传承家风都起到重要的作用。家训家规是古代以家庭为范围的道德教育形式，也是道德文化传承的一种方式。在永嘉，我们发现大多姓氏都有自己的家规家训，基于这种关系的人们往往能够和睦相处。即便是发生大的变故，也是由族内的长辈或有公信力的人来裁决。有些古村落至今还遗留着发挥教化作用的古建筑，如苍坡村的望兄亭和方巷村的送弟阁，以及关于兄弟手足情深、夜谈相送的传说故事，无不滋润着后人的心灵。

友善文明对族内而言是和睦相处，对族外而言则意味着宽容开放。很多古村落，往往都有少量其他姓氏的村民，本姓人对其也持开放、包容的态度。以苍坡村为例。苍坡村李氏大宗祠中间悬挂着一个大大的"李"字，但是其"李"字上方还有一点，象征村内其他小姓氏的村民，也在劝告李氏族人应该对他姓人持包容的态度。

俗语云"国有国法，家有家规"。家训家规的首要功能是"齐家"，即对家庭实行有序治理，重视其规范的功能。在古代儒家传统中，修身是齐家的基础，齐家又是治国平天下的前提。在古人看来，家是国的基础，国是家的延伸，家国同构、家国一体，治理家庭的道理与治理国家的道理是相通的。《周易》的"家人"卦说"正家而天下定矣"，一个人不能治家也就难以治国。家训家规的另一重点是"修身"，即家训家规不仅提供行为规范、重视约束，更强调道德修身，德行养成，把家庭作为道德训练和培养的基本场所，认为有了在家庭中培养起来的道德意识作为基础，就可以推之于社会实践的其他范围。

永嘉各地保存下来的家训家规，其社会影响是非常广泛的。这些家训家规越来越受到人们的关注，作为家族内的训规开始成为道德教育的重要教材，正如王锡爵家训序所说"一时之语，可以守之百世；一家之语，可以共之天下"，生动显示出源于一家一族的训规很可能成为后世社会教育的普遍方案。请看以下相关报道。

新青年赴岩头镇芙蓉村探寻耕读文化[①]

近日，温州大学瓯江学院"文明村落，促动城乡"实践队在芙蓉村文化礼堂完成了为期10天的探寻古村耕读文化实践活动——队员们亲自耙了稻子，下田耕了地，浇了水，还跟着当地的百姓学做了麦饼……

[①] 《新青年赴古村探寻耕读文化》，搜狐网，www.sohu.com/a/111881657-355964，2016年8月24日。

学竹篓编制　探匠人情怀

实践队首先学习了即将失传的竹篓编制手工艺，在小心翼翼的编制过程中，学生们细心体会着先人劳动时候的那种"匠人精神"。通过专访和体验，学生们还总结了竹篓编制手工艺及艺人的一些当前情况，形成了专题调研报告，为促进传统文化的传承和公益事业的发展贡献了自己的力量。

队员们跟随村委会主任来到芙蓉村，向当地的陈晓江老师学习书画和古琴演奏。学生们沉醉在浓浓的墨香、悠悠的古琴声中，并就耕读文化的传承向陈老师做了细致的请教。老师在交流中表示，耕读文化是永嘉的精髓。在芙蓉文化礼堂中，一砖一瓦都散发着先人耕读的文化气息。我们后人，只有不断地通过实践，总结前人的经验并应用于现代发展，才能真正做好耕读文化的保护和发扬光大。

在深切感受到历史文化气息的同时，队员们明白了古村维护既是对非物质文化遗产的继承，也是对中国古文化的一种保护。新青年应自觉做好家乡文化精髓的接班人，不断探寻古文化，为保留传统文化献力量。

第九章　永嘉耕读文化资源的典型样本

让城市融入大自然，让居民望得见山、看得见水、记得住乡愁。在促进城乡一体化发展中，要注意保留村庄原始风貌，慎砍树、不填湖、少拆房，尽可能在原有村庄形态上改善居民生活条件。

（中央城镇化工作会议文件，2013 年）

中华传统文化是人们在长期社会实践中逐渐发展形成的独特的精神信念和价值意识，它在社会机体组织以及人们的心理深层结构中有着不可替代的生命力和潜在影响力。耕读文化之所以能在中国世代传承，即便在现代社会仍具有强大的生命力和影响力，很大程度上基于中国人对"家"的无限眷恋和终身守护。从个体休养生息的"家"，到群聚而形成一个又一个共建共守的"村落共同体"，这里不仅延续着一代又一代父老乡亲的血脉，维系着一代又一代父老乡亲的情感，也凝结着一代又一代父老乡亲的汗水和智慧，还寄托着一代又一代父老乡亲的希望和梦想。在这个共同体中，虽然也时有矛盾和冲突发生，但勤劳、朴实、智慧而包容的人们最终都能找到他们的共存方式，从而世代栖居、营造、美化并守护着属于他们的"乡愁"。古村落，就这样在千百年的岁月中顽强地生存下来。不必怀疑，古村落里的每一座建筑、每一个符号、每一种习俗，都是人们生产生活的真实写照，都是人们思想、感情、偏好及价值观念的凝结和表达。概言之，古村落既是中国人繁衍生息的家园，也是中国耕读文化的主要载体。

　　永嘉历史文化积淀深厚，文物古迹丰富，远古文化遗址、古建筑、古村落星罗棋布，家谱文化、民俗文化的保存都比较完整。楠溪江流域至今仍遗留着新石器时代的文化遗址以及宋、元、明清历代的古树、古桥、古塔、古牌楼、古牌坊和古战场等历史遗存，而具有悠久历史的古建筑村落两百多个。在耕读文化的岚风细雨中浸润的众多古村落，抱守着永嘉独有的儒雅风范，沉埋在千百年的时光中，然而岁月仍旧无法冲刷掉这些古村落卓尔不群的魅力。古村落的建筑大都非常简朴天然，几乎全是由素木、蛮石、粉壁、青砖构筑，它们富于野趣，取于自然，却高于自然。虽由人作，宛自天工，将人工美、艺术美与自然美巧妙地结合在一起，反映了前人对文化的追求与对自然的热爱，同时也显示了他们浓厚的生态环境意识与人道思想。今人每每走进几百年乃至上千年的古村落，宛若穿越了历史的时空，捕捉到了数百年前先民的生活意韵，体味到了耕读之民风和宗法之习俗，心中便涌出无比的惊奇和赞叹之情。

稻草人扮靓古村落（永嘉县委宣传部提供）

弹棉花非遗体验（永嘉县委宣传部提供）

一　芙蓉古村：土木砖石文武越千年

芙蓉古村初建于晚唐，据明弘治丁巳年（1497）编的《陈氏宗谱》载："我陈氏铁墓之后也。由颍川蛰居开封，历闽浙，唐季始迁永嘉之两源。"宋太平兴国年间（976—983），始祖陈拱从瑞安长桥迁来定居，并逐步形成血缘村落，距今已有1000多年。因村西南有三崖摩天，赤白相映，宛若芙蓉，遂以芙蓉为村名。

芙蓉古村的陈氏是从河南开封几经迁徙来到永嘉的。唐朝末年兵荒马乱，大唐江山岌岌可危。芙蓉古村的始祖陈忠就是在这样的乱世中开始出逃的，为了寻找一个可以躲避灾难的地方，他选择了南方。经过几番周折，芙蓉古村先祖来到这深山坳，见芙蓉三峰如冠，山下有腰带水清澄如练，一旷平原可耕可牧，丰衣足食不是问题，便定居于此。到南宋时，芙蓉古村的发展进入鼎盛时期。

第九章 永嘉耕读文化资源的典型样本

作为楠溪江畔散布的古村落典型代表,芙蓉古村的历史变迁及村落文化特征较之楠溪江其他村落更受人关注。整个古村呈正方形,坐西朝东,按照"七星八斗"的思想进行规划设计,意为天上星与地上人相对应,星筑台、斗凿池以为象征,卵石砌成的寨墙,使得整个村庄犹如一座小城堡。东面寨墙正中开一寨门,两边稍远处开两小门,寨门为砖木结构,两侧有砖砌围墙相连,保存比较完整。

芙蓉村门楼(永嘉县委宣传部供图)

在这里,不但可以了解到中国古代耕读文化、宗族文化的演变情况,而且可以感受到村寨建筑艺术的动人魅力。古村建筑融自然美、人工美与艺术美于一体,其规划设计充分体现了人与自然的和谐相处,"天人合一"的思想也体现出楠溪江古村落缔造者们较强的环境意识和独到的审美观念。此外,芙蓉村的乡土建筑用原生木、石、砖构筑,其朴素自然的亲和力有天然的美感,具有独特的审美价值。

芙蓉书院（永嘉县委宣传部供图）

古村落的街巷方正整齐，村里道路最大的特色是所有的道路都是"丁"字形，绝对没有"十"字形的，寓意人丁兴旺（在那个久远的年代，没有什么是比一个家族人丁兴旺更重要的）。长塘街（也称如意街）是一条贯穿全村的主街，街道比门面的平地高出五个台阶，五个台阶意喻"五子登科"；街道中间以青砖铺过，意喻"金砖铺地"。

芙蓉村石头街巷（蒯正明 摄）

遗留在古建筑上的点点装饰也见证着芙蓉古村历史的辉煌与特有的文化。古村落的建筑装饰源于民俗文化的传承。民俗文化往往通过口头传授或生活方式的影响而代代相传，体现在风俗、信仰、衣、食、住、行等各方面。表现在装饰上主要是以吉祥纹样为载体。在芙蓉古村的装饰纹样中，含有大量民俗艺术内容。它反映出村民们对理想生活的向往与追求。如将纹样绘成寓意生活吉祥、家庭幸福、婚姻美满、事业兴旺、前程锦绣、万事如意等理想内容。明清时期的纹样装饰普遍采用寓意、谐音、假借等各种手法，样样如意，个个吉祥，吉祥是装饰的主要内容。

在动物形象中，芙蓉古村常用的是狮子、仙鹤、麒麟、鸡等，都是具有特定象征意义的装饰符号。这里的狮子、仙鹤、麒麟具有勇猛、吉祥与美好的寓意，狮子主要守卫在大门两边；仙鹤、麒麟被刻在影壁、门头和隔扇等位置；鸡饰主"吉"谐音，具有吉利、吉祥的寓意，包含着村落居民对美好生活的迫切渴望。

如今，芙蓉村古建筑群已被列为全国重点文物保护单位。

二 岩头古村：耕读商贸相得更益彰

岩头古村位于楠溪江中游西畔，介于苍坡和芙蓉之间，距永嘉县城38千米。因地处芙蓉三岩之首，故名岩头。

该村始建于初唐。宋末元初，始祖金安福（1250—1318）从附近的档溪西巷里迁居于此。明世宗嘉靖年间（1522—1566），由八世祖金永朴主持，进行全面规划修建。村落布局是古色古香的街区式三进两院四合围式的建筑群，具有远近总体规划和详细局部规划，在古代村落规划中，这是难能可贵的一个典范。

亲水凉亭

岩头村的正门是北门,称"仁道门"。门里大街西侧是金氏大宗祠,朝南。金氏本是仕宦人家,迁到岩头后,凭借其文化优势和经营能力并占据最利于生存和发展地段,很快使岩头发展成为楠溪江中游最兴旺、最有文化成就的血缘村落,金氏迅速成为当地的望族。岩头金氏宗族村落以其巧妙的村庄布局、古朴的乡村园林、科学的水利设施和深厚的宗族文化、耕读文化、商贸文化底蕴而闻名。由于其突出的文化地位,1991年被列为浙江省历史文化保护区。

古村落里仍存有很多古建筑。塔湖庙建成于明朝嘉靖三十五年(1556),距今已有400多年的历史。庙前有一个老戏台,名为塔湖庙戏台。这是一座敞开式戏台,台前面积可容纳数百人。村落东缘的蓄水堤上建有一条商业街——丽水街,全长300多米,有90多间店面,每间面宽约3米,进深10米,为两层楼建筑。成列的商店前空出2米至2.5米宽的道路。有屋檐披盖,以利于行人遮阳避雨。蓄水堤建于明嘉靖年间,当时地方宗族规定堤上只许莳花种树与建亭,不准筑屋经商。到了清代,岩头村长堤成了担盐客的必经之路。清末之际,长堤发展成为初具规模的商业街。丽水街南端是寨墙的南门，门边高阶上有乘风亭。离亭不到50米，还有一座接官亭（又名花亭），重檐攒顶，朴素庄重。乘风亭前面有一座跨越丽水湖的石桥，名曰丽水桥，建于明嘉靖三十七年（1558），由48根条石构成，表示岩头属于四十八都。此桥虽经400多年的风雨沧桑，至今仍坚固如初。

作为楠溪江岩头村的一大景点，丽水街所呈现的一切都是那么古老与沧桑，那么恬静与深邃。

岩头村丽水街

宗族村落文化对于维持村落家族的和谐、生存和发展，保证村落家族稳定都具有至关重要的作用。宗族文化也是岩头古村的一大特点，《岩头金氏宗谱》中有关"孝父母、和兄弟、正婚姻、务本业、定尊卑、睦邻里"的"祖训"，以及岩头金氏第十四世祖金昭亲自撰写的《按痛编》，"六论"用心良苦地教诲后人如何为学、律身、处世、教家、莅官，对于养成纯洁的社会风气，建立良好的人际关系，形成良好的道德规范，增强宗族的内聚力等都具有重要作用。根据家法族规，一旦发现偷窃、破坏、赌博等行为，家族必给予严惩，其严厉程度往往超过国家法律所允许的范围。这些不仅有利于保证族人在一个较为稳定的环境中生存、延续和发展，在一定程度上还可以代替国家履行维护社会秩序的职能。

三　苍坡古村：文房四宝风韵依旧存

苍坡古村位于浙南永嘉县境内楠溪江上游岩头镇北面大山脚下，原名苍墩。始祖李岑为避战乱从福建长溪迁居于此，五代后周显德二年（955）开始营建，至今已1000多年。南宋淳熙五年（1178），九世祖李嵩邀请国师李时日重新规划，建成以文房四宝为主要形象的村落格局。村落占地200多亩，房屋50多座，村民全部李姓。村落格局基本保持南宋时期的规划原状与建筑风貌，其寨墙、道路、水池、古柏犹见当年风韵。

苍坡古村

苍坡是楠溪江流域耕读文化最为发达的村落之一。20世纪80年代初开始，就以独具特色的古村人文风光而成为中国古村落旅游产品中的经典。

按照国师李时日的设计，苍坡古村是按"文房四宝"的模式来构造的。进入村口，左右两边是两方池塘，池塘被取名为"砚池"，池塘的边上搁着几条长石，意为"墨条"。村中建有一条全长330米、东西走向的直街，街的东头指向一座类似"笔架"的山峰，于是直街便有了一个文绉绉的名称——"笔街"。村子四周用楠溪江边的鹅卵石块砌成寨墙，围成一个方形，其寓意是一张方形的纸。至此，苍坡"文房四宝"的建筑格局形成了。

800多年后的今天，李氏家族已经传世至四十余代，古村历经沧桑巨变，但依然保存着"文房四宝"的宋代建筑风格。古村落里遗存下来的老寨门、寨墙、水系、街巷、民居、宗祠、戏台等建筑，无不显现出浓郁的南宋遗风。

苍坡村砚池

游人去苍坡古村游览，必为村口两座池塘所吸引。这个叫"砚池"的两片方塘，因引入的是楠溪江水，池塘内的水质异常清澈，终年不见干枯。池水波澜不惊，岸边的房屋与行人倒映于水中，形成人景一体，天造地设的错觉，很让人迷离。方塘，原先也是村民生活用水之地，也是古时全村木结构房屋防火取水之处。一池清水多样用途，可见能工巧匠的奇思妙想。

在方塘边上，建有一处李氏家族的大宗祠，里面有个露天戏台。从前这里是全村家族聚会、举办重大庆典的场所。苍坡古村的村民子弟，凡参加应试而"金榜题名"，都会被全村人簇拥着，来大宗祠披红戴花，祭拜祖先。中华人民共和国成立后，大宗祠一度被改为"村民小学"，现今能看到的大宗祠和戏台，是近几年政府按原样翻建的。

四 林坑古村：山地民居天人终合一

林坑村位于浙江省永嘉县的北部山区岩坦镇黄南社区（2011年永嘉县区域调整前为黄南乡人民政府），是楠溪江上游一个偏僻的小山村，族人自江西吉安迁徙至此，以毛姓为主，共有108户400多口人。林坑民风淳朴，待人热诚。

林坑并非徒有虚名，这里拥有楠溪江保存最完整的山地民居。它们都有百年以上的历史，其中最古老的一座木屋超过200年。林坑现存大小民居41座。这里的民居是典型的浙南山区木结构民房，有明清的，也有近代的。这里的建筑一般为两层，每幢房子由中堂、正间和厢房组成。屋脊微微起翘，屋顶到檐头呈倾斜坡面，利于山雨突注时排水。屋前廊檐挑出一二米为走廊，称为"间前头"，既可放农具等什物，又是干农活的场地，更是休息聊天的场所。山里人就地取材，用蛮石、原木、竹子构成了整座大门，使人不得不为山里工匠的智巧而赞叹。每座房子的屋前都有一个露天的大院子，地面铺着卵石，是晾晒农产品与做农事的场所，屋与屋之间几乎都要走一段石阶。

林坑古村落自然风景如画，镶嵌于苍翠的青山，满目的竹林、松柏与杂树之间，宛如万绿丛中那一抹明亮，格外耀眼。古村后山上两股清泉，蜿蜒曲折，绕着村庄，犹如保护古村的"护城河"，在村前汇合，流向村外。古村中心两座高低走向不同、建筑风格相似的石拱桥，连接着小溪两岸，使得村庄别有一番景象。

整个村落是一座古代历史文化博物馆，对于研究古村落文化具有极其重要的价值。如今的林坑古村已经发展成为游客休闲出游的好去处，虽然部分房屋翻新了，但是综观全村，民居和自然景观依旧和谐统一，置身于村落之中，犹如穿越时光隧道感知祖先们繁衍生息的状貌和历史文化的积淀，感知耕读文化的发展轨迹。城里人经常选择周末到林坑村住民宿、吃农家菜，也有很多美术学者及摄影爱好者，赶来此地写生、摄影。林坑村正渐渐成为美术、摄影、建筑和历史文化等诸学科研究的鲜活样本。

唐宋以来，楠溪江腹地多世家大族居住，一姓一族无不以诗书传家，精心构筑庭院，营造诗情画意的居住环境。古村落是雅俗两种文化交融和碰撞在建筑艺术上的积淀，可以使我们感受古代永嘉"耕读社会"与"宗族文化"的相互交融，感受人类生活与自然环境的无限默契。蕴含在古村落布局建筑中的人文精神，是永嘉人世世代代取之不竭的精神财富。"耕读社会"实际上是由"宗族社会"构成的，而宗族社会不仅在农耕渔牧商贸活动中发挥着重要作用，在精神文化、教育伦理生活中的作用更是不可忽视。宗族的稳定、繁荣和发展，大都以儒家道统思想为支柱。楠溪江流域的古村落无不体现着极其典型的传统宗族制。在漫长的历史时光中，一个宗族聚居而形成一个自然村落，成为一个相对封闭的社会单元，其中各宗族都有自己的严格族规。不同的宗族在其聚居的村落中，都建有大小不一的代表性祠堂，通过各种仪式活动发挥着团结宗族、维护人伦秩序的作用。请看以下媒体报道。

慢游永嘉：200余座古村落传承千年文韵[①]

永嘉之美，不仅在于山水。楠溪江中上游的历史文化村

[①] 《慢游永嘉：200余座古村落传承千年文韵》，《北京晚报》2015年7月23日。

落留存着深厚的传统文化印记,这些印记贯通着中华民族千百年来的文化脉络。

永嘉之美

二百余古村落传承唐风宋韵

古村落是永嘉的另一张名片。

我国现有村庄约 60 万个,其中古村落约有 5000 个,这些古村落大多始建于明清时期,有的可以追溯到唐宋时期,部分村落的历史甚至可以追溯到上古时期。

这些散落在中国民间的一个个古朴村落,以其风格独具的建筑、礼仪、村社组织结构、人文气息,闪烁着传统文化的智慧光芒,传达着具有丰富智慧的东方文化神韵。

据统计,如今在楠溪江两岸散布着大大小小 200 余座古村落，是我国现存四大古村落群之一，涵盖了古建筑村落、自然生态村落和民俗风情村落三大历史文化村落类型。因此，楠溪江古村落被誉为"中国乡土文化的史书库""中国建筑历史的博物馆"。

永嘉之灵

太守山水诗招来文人墨客

永嘉历史悠久、人文荟萃，建县已有1800多年，是温州历史之根、文化之源。书圣王羲之、山水诗鼻祖谢灵运等先后出任永嘉太守，特别是谢灵运任永嘉太守期间游遍永嘉山水，写下了许多不朽的诗篇，永嘉也因此被誉为"中国山水诗的摇篮"。楠溪江也由此成为山水诗的摇篮，并成为历代文人墨客寻找诗魂的圣地。

当过永嘉太守的名人还有孙绰、颜延之、裴松之等，也都留下过赞美永嘉山水的诗篇。苏东坡曾赋诗："自言长官如灵运，能使江山似永嘉。"

永嘉之魂

永嘉学派经世致用影响至今

永嘉人杰地灵，从唐至清，永嘉中进士者700余人，哲学史上诞生了倡导务实弃虚、理财治国的永嘉学派；文学史上有著名的南宋"永嘉四灵"；戏曲史上有人类口述与非物质文化遗产以及被称为"百戏之师"的永嘉昆曲。

永嘉学派与朱熹的理学、陆九渊的心学，并列为南宋三大学派，深远地影响了后世。永嘉之学，溯源于北宋庆历之际的王开祖、丁昌期、林石等，以后周行己、许景衡等又把洛学、关学传到温州。南宋之时，永嘉地区的学者辈出，郑伯熊、郑伯海、郑伯英、陈傅良、徐谊等是前期永嘉学派的出名学者，到叶适则集永嘉学派之大成，成为吕祖谦去世后与朱熹的理学、陆九渊的心学鼎足而立的浙东学派之代表人物。

20世纪三件大事，再次验证了永嘉人"敢为天下先"的精神。1930年中国工农红军第十三军在永嘉创立；1956年永嘉开创全国包产到户先河，早于安徽凤阳22年；1983年形成中国第一个农村专业市场"桥头纽扣市场"，是温州模式的典范，启动了温州民营经济的发展。

如今，永嘉已经形成了泵阀、鞋服、纽扣拉链、科教玩具四大优势产业，拥有中国泵阀之乡、中国拉链之乡、中国科教玩具之都、中国五金饰扣之都等国家级金名片。

五　文学文艺作品：耕读文化的生动体现

源远流长的永嘉耕读文化不仅体现在古村落这一"物质"载体上，还体现在大量的诗词等文化作品之中。永嘉人文历史的精神基因正是从耕读文化中发展起来，成为南宋以来归隐之士这一独特社会阶层寄情山水、耕读传家的审美情怀的一个缩影。

山水诗鼻祖谢灵运在永嘉任职期间，不仅为政清廉有方，深受民众爱戴，还写下了许多流传千古的山水诗。苏东坡有诗赞曰："自言长官如灵运,能使江山似永嘉。"谢灵运以其鲜丽清新优美的诗句,生动细致地描绘了永嘉、会稽等地的自然景色及耕读社会风貌。《登石门最高顶》《登永嘉绿嶂山》之《山居赋》《岭表赋》《江妃赋》等堪称其代表作。

登石门最高顶

谢灵运

晨策寻绝壁,夕息在山栖。

疏峰抗高馆,对岭临回溪。

长林罗户穴,积石拥基阶。

连岩觉路塞,密竹使径迷。

来人忘新术,去子惑故蹊。

活活夕流驶,噭噭夜猿啼。

沈冥岂别理,守道自不携。

心契九秋榦,日玩三春荑。

居常以待终,处顺故安排。

惜无同怀客,共登青云梯。

登永嘉绿嶂山

谢灵运

裹粮杖轻策,怀迟上幽室。

行源径转远,距陆情未毕。

澹潋结寒姿,团栾润霜质。

涧委水屡迷,林迥岩逾密。

眷西谓初月,顾东疑落日。

践夕奄昏曙,蔽翳皆周悉。

蛊上贵不事，履二美贞吉。

幽人常坦步，高尚邈难匹。

颐阿竟何端，寂寂寄抱一。

恬如既已交，缮性自此出。

此外，"永嘉四灵"（徐照、徐玑、翁卷、赵师秀）的成就在诗坛也产生了一阵轰动效应，"四灵诗"成为当时诗歌创作的时髦标志。"四灵诗派"成员都是下层知识分子，其出现可以说既是一种文学现象，也与特定的社会状况有着密切的联系。长期受外族压迫的屈辱和收复失地的无望令人消沉，在国运日益衰败之际，个人也失去了仕进的可能，本来怀有入世之心的"四灵"放弃了原有的雄心，将情感寄托于山林，而永嘉独特的自然景观和深厚的人文气息便成了"四灵"诗风形成的重要元素。

"四灵"诗作较多，其中也多有反映永嘉人耕读生活的字句，如"水满田畴稻叶齐，日光穿树晓烟低。黄莺也爱新凉好，飞过青山影里啼"（徐玑《新凉》）；"小船停桨逐潮还，四五人家住一湾。贪看晓光侵月色，不知云气失前山"（徐照《舟上》）；"绿遍山原白满川，子规声里雨如烟。乡村四月闲人少，才了蚕桑又插田"（翁卷《乡村四月》）；"黄梅时节家家雨，青草池塘处处蛙。有约不来过夜半，闲敲棋子落灯花"（赵师秀《约客》）；等等。

永嘉昆曲也是耕读社会及其文化发展的独特产物。永嘉昆曲是我国古老的剧种之一，是在南戏即永嘉杂剧的基础上吸取昆山腔优点而形成，流行于浙南闽北一带的地方戏曲剧种，是昆曲的一个流派。由于它产生在永嘉县，所以叫永嘉昆曲，简称"永昆"。"永昆"源于南戏，也是宋、元时用南曲演唱的戏曲形式，由宋杂剧、唱赚（宋代流行的一种演唱形式）、宋词，以及里巷歌谣等综合发展而成。它的表演质朴粗犷，行腔明快流畅，生活气息浓郁，至今仍保留有南戏声腔的遗韵，是戏曲史上罕见的宝贵遗产。《辞海》和《中国戏曲曲艺词典》对昆曲作如是解释："一般认为是中国戏曲最早的成熟形式。"著名的昆曲大师俞振飞先生曾作这样评价："南昆北昆，不如永昆。"

南戏首先在永嘉正式形成（当时称"永嘉杂剧"，或"温州杂剧"），早在北宋末叶的宣和年间（1119—1125），由于江南东南沿海一带经济发达，商业繁荣，农村生活也相对富裕，因而在浙江温州一带产生了一种民间歌舞小戏，当时被称为"温州杂剧"或"永嘉杂剧"，是南戏的萌芽。宋室南渡之后，临安（杭州）成了整个南方的政治中心，经济与文化事业迅速发展，加之北方艺人大量流入，于是各种各样的娱乐活动也随之兴旺发达起来。在这种情况下，源于相邻地区的南戏获得了合适的土壤，也迅速繁荣起来。到绍熙年间（1190—1194），在南戏中出了《赵贞女》《王魁》这样艺术性较高的剧本，也标志着南戏的成熟。宋元南戏的剧目，至今可考的还有一百几十种，可见当时的盛况。

南戏开始时，正如徐文长在《南词叙录》中所说的，"即村方小曲而为之，本无宫调，亦罕节奏，徒取其畸农市女可歌而已"。所以，在唱腔、唱词和宾白等方面是比较粗糙的，并且运用了大量永嘉方言和谚语，如"蚂蟥叮住鹭鸶脚""命里合吃粥，煮饭忘了鹿"，易为群众喜闻乐见。以后逐渐吸取一些宋人词牌、诸宫调，以及法曲、大曲的片段加以充实，在艺术上提高了一大步。

元末明初的《荆钗记》《杀狗记》《拜月亭》《琵琶记》等剧本在戏曲舞台上出现以后，南戏已成为当时群众所喜闻乐见的一种戏曲形式，流传广泛；到明后期至清中叶，形成四大声腔之一，使中国戏曲艺术进入一个新的发展时期。

昆腔，也叫昆山腔，是明代中叶至清代中叶影响最大的声腔剧种，它产生于元末明初，兴起于明代嘉靖、隆庆年间（1522—1572）。至嘉靖年间，即 16 世纪中叶，吸收了海盐、弋阳诸腔，以及江南民歌小调的某些特点，形成一种舒徐婉转，细腻流畅的新腔，称为"水磨腔"，也就是"昆腔"。永嘉昆曲通过本地的东西（如语言、民间音乐等）吸收了昆山腔的各种优点来丰富自己，逐渐形成有自己独特风格的地方剧种——永昆。

古戏京韵（叶卫周 摄）

由于历史原因，永嘉昆剧几经波折，一度绝迹于舞台。1999 年，中共永嘉县委、县人民政府认识到永嘉昆曲的存在价值，决心抢救"永昆"。组建永嘉昆剧传习所，为集研究、资料收集、剧目挖掘整理和承担实验性演出于一体的艺术团体，也作为负责抢救、振兴永昆的工作班子。2000 年，永昆剧传习所特邀张烈编剧，将南戏古典剧目《张协状元》改编成昆曲，由谢平安执导，以林媚媚、王成虎等演员为班底，搬上首届中国昆曲艺术节舞台，获得成功，备受国内外专家、观众瞩目。全剧六个演员，五人获奖，传为佳话。《张协状元》获得首届中国昆曲艺术节优秀展演奖，并赢得"一出戏救活一个剧种流派（永嘉昆曲）"的美誉。2002 年又获文化部第十届文华新剧目奖和我国戏曲界最高专家奖——中国戏曲学会奖，编剧张烈获第十届文华剧作奖和中国曹禺戏剧奖剧本奖。随后,《张协状元》应文化部邀请进京演出,应邀赴我国台湾地区演出,应邀参加中国"香港国际艺术节"演出,均获好评。

1999年,传习所招收10名学员,送到上海戏剧学院戏曲分院昆曲表演班学习,三年后返回传习所学习永昆剧目。这些学员基本功较为扎实,经永昆老艺人言传身教,以及自身刻苦学习,由他们演出的《荆钗记》之《拷婢》《见娘》、《琵琶记》之《吃饭吃糠》、《玉簪记》之《秋江》及《张协状元》等,颇获好评。2003年,由青年演员上演的永昆传统剧目《杀狗记》,获得了第二届中国昆曲艺术节优秀剧目展演奖。永嘉昆曲有了新一代传人。

因昆曲在文学、戏剧、艺术上的特殊价值,党和国家主要领导人均做了重要批示,予以极大关注。2001年,联合国教科文组织授予中国昆曲"人类口头遗产和非物质遗产代表作"的荣誉。

旧曲新唱(永嘉县委宣传部供图)

第十章　耕读文化资源保护利用的他山之石

不忘历史才能开辟未来，善于继承才能善于创新。优秀传统文化是一个国家、一个民族传承和发展的根本，如果丢掉了，就割断了精神命脉。我们要善于把弘扬优秀传统文化和发展现实文化有机统一起来，紧密结合起来，在继承中发展，在发展中继承。

——（习近平在纪念孔子诞辰2565周年国际学术研讨会暨国际儒学联合会第五届会员大会开幕会上的讲话，2014年）

永嘉作为中国耕读文化的代表，其在耕读文化资源的保护、开发和利用方面有自己的一些独特做法和经验，同时也面临一些困难，存在一些问题。"他山之石，可以攻玉"，为了更好地保护、开发和利用，有必要拓展视野，总结我国其他地区的一些好的做法，以为永嘉耕读文化建设提供有益借鉴。

一　福建土楼：耕读文化资源保护利用的典范

福建土楼的形成与发展经历了漫长的时间，不仅具有悠久的历史，而且在发展过程中逐渐沉淀下来，形成土楼特有的文化。福建土楼以其特有的建筑形式成为世界上绝无仅有的民居，土楼的形成不仅受到自然环境、社会环境、技术因素、生产力水平、人的基本生活需求等多方面客观因素的制约，还受到建造者和居住者的风俗习惯、生活方式、宗族制度、宗教信仰、风水需求、伦理思想、审美追求、行为禁忌等多方面文化因素的制约，从而使得福建土楼建筑形式和风格不断发展变化。

福建土楼产生于唐、宋、元时期，经过明代早、中期的发展，明末、清代、民国时期逐渐成熟，并且一直延续至今。土楼非常符合建筑美学上实用、美观、经济的原则，冬暖夏凉，而它的成因则与西晋时的战局有关。当时著名的历史事件是"五胡乱华"，中国出现了大动荡，以汉族为主的士大夫纷纷南迁，集中至福建、广东、江西交界地带，利用当地的地形地势建筑土楼，以后历朝历代遇动乱则南迁，大量中原人从北方迁移到南方，在漫长的迁移和艰苦的创业中，勤劳勇敢的中原人在南方定居下来，建造成独具特色的"福建土楼"，慢慢形成越来越多的土楼群。

福建土楼是中国传统建筑艺术与夯土文明的宝贵结晶。夯土文明发源于原始氏族社会，在西安半坡和临潼姜家寨原始遗址上已经出现夯土文明。在古中原的无数文化遗址上均可见到夯土实物。殷商以后，中原夯土文明更为发达，夯土成为宫廷建筑的主流，阿房宫、大明宫、长城等都表明了古中原夯土文明的登峰造极。唐代以后，夯土文明在中原急剧衰落，取而代之的是砖木结构住宅建筑，但是夯土板筑技术随着中原文明的南移而传到南方。从中原黄河流域往长江流域及闽粤赣边地区迁移的中原移民，在南方红壤地带继承古中原传统夯土板筑技艺，并且在漫长的实践中将它发展到了令人拍案叫绝的新境界。迄至清代中期，南靖的土楼匠师，已经能够以普通夯土造出墙体厚仅 30 厘米而高达 12 米的四层土楼，可见土楼夯土技术日趋完善。此外，土楼的建筑布局以及村落的布局是非常合乎建筑理论的，这种建筑融合到自然环境里，成为"天人合一"的典范。

散落在闽西南崇山峻岭中的福建土楼，曾经因地处僻远而鲜为人知，也曾在 20 世纪 80 年代被美国情报机构误认为中国的"核基地"，从而笼罩上几分神秘色彩。2008 年 7 月 7 日，在加拿大魁北克城举行的第 32 届世界遗产大会正式将其列入《世界遗产名录》。入遗的土楼分布在漳州市华安县、南靖县及龙岩市的永定县三县。

福建土楼中最常见到的多呈圆形、方形，其实若按形状分，土楼还有五凤形、凹字形、半圆形、八卦形、交椅形等多种变体，甚至可以"一楼两形"。这些造型简单明快、体积感极强的几何形建筑依傍山谷之势而建，黄土的朴拙凝重与周围青翠深邃的自然景观形成强烈对比，其视觉冲击力不逊于"世界七大奇迹"的埃及金字塔、希腊雅典神庙，却又独有一份中华文明讲求"天人合一"、人与自然和谐相处的温厚。

福建各村各镇绝大多数土楼的中心位置都是祠堂。耕读传家、重视教育是土楼居民心目中一个根深蒂固的理念，私塾学堂遍布是土楼文化不可或缺的一部分。

2008 年成功申报世界文化遗产以来，作为"福建土楼"重要组成部分的永定客家土楼保护与开发并举，"土楼之旅"越来越红火。福建土楼永定景区跻身国家 5A 级旅游景区，永定客家土楼被评为中国传统建筑文化旅游目的地，永定县也被评选为"全球华人最向往的根亲文化圣地"。

为加强世界文化遗产福建土楼的保护与开发，龙岩市近年来采取一系列措施加大世界文化遗产保护力度、加强景区生态环境保护、加强客家文化挖掘保护、加快景区基础设施建设。

首先制定出台了一系列保护制度。如《福建（永定）土楼保护管理规定》《福建（永定）土楼文化遗产保护管理补充规定》《永定县土楼旅游景区保护管理规定》《永定县"福建土楼"文化遗产保护区异地建房管理暂行规定》《永定县旅游景区居民建房管理暂行规定》《永定县人民政府关于建筑材料进入土楼保护区有关规定》等规范性文件，并于 2011 年 12 月 1 日正式实施由省人大常委会牵头制定的《福建省"福建土楼"世界文化遗产保护条例》。

在资源开发过程中，永定土楼景区将拆除或改造与土楼景观不协调的广告牌和建筑物，规范经营活动，创建与景区相协调的、优美的特色生态、农田、水利景观；在世界文化遗产保护区外，发展景区乡村休闲观光旅游业，建设了 10 个以上富有客家文化特色的观光休闲农业示范园、农家乐、森林人家，设立中国台湾农民创业园和永台现代农业合作示范区，形成各具特色的多元旅游形态。

此外，龙岩市将永定县列为客家文化生态保护区和弘扬客家文化基地，深入挖掘、传承客家楹联、山歌、节庆、婚嫁等民风民俗和客家美食；组织国内外专家、学者到永定考察、调研、收集、整理客家土楼文化，聘请知名专业文艺人才创作以永定客家土楼文化为题材的文艺、文学、影视作品，提升客家文化的影响力；在全国地市级以上城市设立 300 家以上福建土楼永定景区营销展示品牌形象店，推销福建土楼永定景区旅游新产品。

在"福建土楼"漳州景区，南靖、华安也采取一系列措施强化土楼的保护。南靖设立了世界文化遗产保护基金，由县财政部门每年拨出一部分资金作为土楼保护维修专项资金。华安县先后投入 1.23 亿元，进行房屋拆迁改造、博物馆建设和周边环境绿化美化。

对于土楼景区的门票收入，除用于土楼的维修、管理外，漳州还提取一定额度贴补楼内居民，激励居民积极参与保护行动，鼓励楼民及周边民众开办农家旅馆、地方餐饮，既方便外地游客，又增加楼民收入，使楼民真正得到实惠。

与土楼相依存的生产、生活习俗、民俗风情、传统艺术等非物质文化遗产和土楼本体一起，组成了福建土楼"活的世界遗产"。为适应现代生活的需求，南靖、华安县通过埋设隐蔽用电线路、饮水管道和改造传统茅厕，在保留传统灶台的基础上改用隐蔽电器和燃气具等方式，既改善了遗产地居民的生活条件，又不改变其原有的生活习俗，最大限度地保护了文化遗产的真实性和完整性。

二 和顺古镇：中国十大魅力名镇之首①

腾冲县，古称滇越、腾越，是古代中印陆路交通上的商贸重镇，也是面向南亚的第一镇。和顺与南亚相连。在中国面向南亚的政治、经济、外交、文化交流中，和顺一直扮演着重要角色。和顺人尹蓉当曾任缅甸四朝国王的国师。以和顺人寸玉为代表的翻译家、外交家群体在明朝廷内长期担任鸿胪寺序班、四夷馆教授，为中国与东南亚、南亚的外交工作做出了贡献。和顺是云南与南亚贸易的枢纽。和顺人在中国与南亚文化交流上做出了贡献。和顺女子学校、女子师范学校及益群中学的建立，在省内外甚至南亚都有影响。

宋时，大理国设立腾冲府。大理国初期，沿袭南诏建制。至太中国时（高相国专权时期），将永昌节度所辖地域分为两片，在怒江以东设立永昌府，在怒江以西设立腾冲府，由其子孙高泰贤、高泰运分别治理。"腾越国"至此不再存在。

元时，有腾越州、腾越县、腾越府，甚至也曾被蔑称为"软化府"。元宪宗三年，高泰运之后世高救内附于元朝。元朝在腾越大地上分别设立过腾越州、腾越县、腾越府（腾冲府）。元人把腾冲视作军事重地，因大理国时"腾冲府"一名中"腾冲"二字力度太大，便蔑称之为"软化府"。

明代是腾冲开发史上一个极为重要的时期，由于军屯、民屯、商屯以

---

① 关于腾冲和顺古镇的介绍很多来自腾冲县人民政府网。

及各种原因进入腾冲落籍的中原人口不断增加，居民构成和民族关系发生了重要变化。进入腾冲的中原人，带来了更为先进的文化和生产技术，提高了劳动生产力，促使腾冲以农业为重点的社会经济获得了迅速发展，为耕读文化的发展奠定了基础，提供了最重要的条件——"人气"。

和顺自古有十大姓氏，靠血缘关系维系的村落组织既有对外一致的宗法观念，也有强化居民对村落认同感和责任感的重要作用。整体上，血缘关系将整个古镇的区位进行了社会划分，使地域空间有了特殊的社会价值。

和顺流传至今的民间传统习俗有腾越古乐、滇剧、皮影戏、台阁、龙灯、管弦乐演奏、洞经音乐、花灯、仙灯、鱼灯、茶灯、扬琴、台阁、渔鼓、平安保境盛会等以及家喻户晓的山歌、小调、叙事诗、民间故事、谚语、歇后语等；工艺方面如打锡箔、皮影靠子、油纸伞、人工抄纸的制作等。

和顺古镇的耕读文化底蕴非常深厚，同时又有儒商经营之传统。耕读古镇最大的装饰特色便是"处处有题字，家家挂楹联"，600年历史形成了大量诗词、牌匾、对联、著作。

古镇牌楼

腾冲和顺古镇在一个少数民族聚集区，且交通、经济、文化比之内地较为落后，为何会保留纯度如此之高的耕读文化呢？其主要原因如下：一是和顺96%的居民都属汉族，早在明朝洪武年间，戍边将士以军事形式屯垦于腾冲和顺，带来了中原地区先进的技术和儒家文化；二是这里地域偏僻，远离尘世纷扰，易于保持淳朴的民风和耕读传统；三是当地人民的知识文化程度高，共生共存荣辱观念强，家庭内部与社会处于一种和谐的状态；四是和顺是有名的华侨之乡，当地居民留学归来，带来了更多的新思想新文化，深知教育的重要性，使"耕读传家"深入人心。[①]

为了推进腾冲和顺古镇耕读文化资源保护、开发和利用，近年来腾冲和顺古镇的主要举措包括以下几点。

第一，聚焦古镇保护，健全管理机制。始终坚持"保护第一，在保护中开发"的理念，按照"保护风貌、浮现文化、适度配套、和谐发展"的十六字方针，紧紧围绕古镇保护这条主线，扎实推进古镇保护与开发工作。在理顺关系，调整充实保护机构，建立长效机制的基础上，突出古镇保护工作的日常管理和专项整治工作，进一步整合古镇保护力量，发挥各部门职能，加大对违章建筑、违规经营、违法用地等进行常态化巡查督查，对发现的各类违法行为，整合古保局、国土、电力、公安、民政、水务、消防等多方力量形成执法合力进行遏制，将各类违法行为消灭在萌芽状态。形成了古镇保护管理工作有统筹、有计划、有人抓的工作新常态。

第二，突出项目建设，夯实基础设施。实施了美丽乡村建设、历史文化名镇保护、乡村环境整治、古镇保护及传统村落建设、旅游设施配套、道路通达、文化教育卫生、农田水利等工程项目，和顺旅游基础设

---

① 杨晓帆：《腾冲和顺古镇"耕读文化"景观开发模式探索》，《创新科技》2016年第3期。

施建设得到不断夯实。"天下和顺"项目共投入资金3000万元。投资274.77万元完成和顺高标准农田项目；投资178.98万元完成水碓社区美丽乡村标准化施工项目；投资155万元完成中天寺至芭蕉关岔路口道路改扩建工程建设项目；投资917.61万元完成和顺镇历史文化名镇保护项目；投资30万元完成张家坡村道路修建项目；投资40万元进行刘家小树园道路建设；投资50万元完成了和顺镇污水处理站项目的选址、地勘和立项等前期工作，目前实施方案已编制完成。东大沟防渗支砌工程已接近尾声，投入资金380万元，预计总投资150万元建设垃圾处理设施，正在编制实施方案。

第三，紧抓"美丽和顺建设"，实施生态立镇战略，深入推进生态文明工程。始终坚持把保护好田园风光作为和顺旅游发展的重要基础工程来抓，扎实推进生态文明建设。科学制定了《和顺镇创建国家卫生城市实施方案》《和顺镇清洁家园行动实施方案》《和顺镇网格化管理实施方案》《和顺镇农村环境综合整治"五年行动"工作方案》等，进一步加大农村环境整治和公路沿线环境卫生综合整治工作力度，确保古镇卫生整洁，环境宜人；实施水环境综合整治，加强对水源地如和顺河、大盈江河等流域的排污治理，严格实行河长制和巡检制，形成了长效抓、抓成效的机制；加大对非法捕鱼的查处力度，加大农耕文化保护力度，留住田园风光；持续开展绿化荒山行动，组织义务植树两次，栽种苗木11200株，造林成活率96%。

第四，加强外宣网络信息平台建设。收集古巷、古牌坊、古院落等和顺古镇小故事，打造街巷文化，利用免费WiFi，通过信息网络平台，建立微信公众号，加大和顺外宣力度，吸引更多游客进入古镇消费，让更多居民参与旅游，真正实现居民、公司、政府三赢的局面，促进和顺古镇旅游大环线建设，推出更多吸引游客眼球的旅游产品，推动和顺旅游产业健康持续发展。

三　粤海名村：塱头古村的耕读文化①

塱头村，位于广州市花都区炭步镇。该村南面原是大片湖泽，而村位于湖边的小冈上，小冈上长满了茛草，故名塱头。塱头村分塱东、塱中和塱西三社，其中塱东社和塱中社相连，与塱西社以一条名叫"深潭"的小河相隔。塱东、塱中社左右阔约210米，塱西社左右阔约170米。塱头村独姓黄，于南宋末年从南雄县珠玑巷南迁至广州北郊（今白云区）神山镇，元朝至正二十七年（1367）迁至此立村，现有村民3000余人。村前地坪宽阔，地坪上有3口半月形水塘，塘基种满荔枝树、龙眼树和榕树，与村头、村尾数棵参天古榕和木棉树环抱村子。其中，村东的一棵木棉树与村后的一棵榕树均为该村十一世祖乐轩公亲手种植，有600多年的历史。村前农田广袤，鲤鱼涌西通"深潭"，东接巴江河，形成清幽、自然、和谐的环境。

塱头村牌楼

---

① 本部分关于塱头古村的介绍，很多内容来自塱头古村网（http://www.hdlangtou.com/about.asp）。

塱头村自古以来人才辈出，古代即孕育了较多功名人物，共有15个进士、10个举人和15个秀才，是名副其实的"进士村"。该村建筑坐北朝南，布局规整，村面建筑保存较好，排列整齐，规模宏大，建筑占地6万多平方米。现保存完整的明清年代青砖建筑有388座，其中祠堂、书室、书院共有34座，炮楼、门楼共5座。村面建筑以宗祠及书室为主，大多数建于清代，部分建于明代，一般为三间三进或三间两进格局，人字或镬耳封火山墙，灰塑博古脊或龙船脊，石雕、砖雕、木雕及灰塑工艺较好，其中以友兰公祠和谷诒书室为最。塱头村东有升平人瑞牌坊和青云桥，塱中有积墨楼与黄友故居，塱西有接旨亭等著名景点。现存古巷18条，单体建筑以宽1.1—3.3米的巷道相隔，巷门楼石额上阳刻巷名，塱西社有永福里、益善里、仁寿里、泰宁里、福贤里、西华里、琢玉里等；塱中社有参槐里、兴仁里、安居里、近光里等；塱东社有善庆里、新园里、敦仁里、业堂里、光迪里、三园里、积墨楼巷等。

塱头村除了古朴的建筑，还有两大特色，即红棉古树和青云桥。在塱头村东社百岁牌坊旁，有一棵巨大的古木棉，经历600多年风雨仍然欣欣向荣，岁岁开花，现已成为塱头村的标志。距离古木棉不远的青云桥，建于1507年。据介绍，以前这里水清如许，村民常在桥下划船、游泳，红线女还在这里唱过粤剧。

塱头村最大的特点就是书院多，有20多间，称得上书香之地。村里几十间公祠书院首尾相接，最引人注目的是那一排排镬耳墙，这在古代是有功名的人家才可以修建的，随处可见精美的雕刻和壁画。这些祠堂内还有许多造型逼真、线条优美的石雕、木雕、砖雕及灰塑，祠内墙上绘有以古代生活内容为主题的壁画。塱头古村是单姓家族的村落同构型，以黄氏血缘为核心形成一种聚落群体，而且村落在功能和制度文化上都有非常明显的家族文化特征。

不仅地方政府高度重视对古村落的保护，塱头村世代村民也用实际行动守护了自己的家园和文化。塱头古村获得的荣誉很多，包括"广州特色古村落""广东省历史文化名村""中国楹联文化名村""中国传统文化古村落""国家级AAA旅游景区""中国传统文化古村落"等。其具体做法和经验很值得研究和借鉴。

第十一章　把永嘉打造成为"中国耕读文化之乡"

要加强对中华优秀传统文化的挖掘和阐发，使中华民族最基本的文化基因与当代文化相适应、与现代社会相协调，把跨越时空、超越国界、富有永恒魅力、具有当代价值的文化精神弘扬起来。要推动中华文明创造性转化、创新性发展，激活其生命力，让中华文明同各国人民创造的多彩文明一道，为人类提供正确精神指引。

（习近平：《在哲学社会科学工作座谈会上的讲话》，2016年）

近年来，永嘉县委、县政府高度重视耕读文化资源的保护、开发和利用工作。按照"保护为主、抢救第一、合理利用、加强管理"的原则，永嘉县委、县政府把历史文化村落的保护和利用作为推进美丽乡村建设的重要工作来抓，不断加强在规划修编、建筑保护、资金投入、组织领导等方面的探索实践，取得了明显成效。楠溪江古村落整体被授予第二届"中国景观村落"称号，芙蓉、屿北、埭头、茶园坑、暨家寨、林坑六村入选"中国景观村落"（占全国的1/8），芙蓉村古建筑群被列为全国重点文物保护单位，屿北村入选第五批"中国历史文化名村"，埭头村荣膺温州市首个"国家级生态村"，芙蓉村、屿北村被列入第一批"中国传统村落"

名单，苍坡村被列入第二批"中国传统村落"名单，成为游客了解宋式村貌、明清建筑及其文化习俗的重要窗口。芙蓉、丽水、苍坡、埭头、岭上、林坑等一批古村已成功推向市场，带动了当地经济的发展和老百姓的致富。但是，随着经济社会的快速发展，永嘉耕读文化资源的保护、利用和开发还需要更进一步，以适应和助推全面建成小康社会和实现社会主义现代化的奋斗目标。

其一，对耕读文化资源保护重要性的认识有待进一步提升。保护意识淡薄是耕读文化遗产破坏严重的重要原因。永嘉县政府对耕读文化资源的保护和利用已经采取了很多措施，开发了如芙蓉、丽水等一批古村落，但总的来看，广大村民对保护耕读文化资源的重要性明显认识不足，不少古建筑都面临倒坍毁坏的问题。在花坦村调研发现，一些古建筑的原址正在变为田地。农民宁肯另择新址建新房，也不愿意把钱花在保护和修缮上。其二，政府保护力度需要进一步加大。就目前情况来看，依靠村民和村组织的力量难以实现对耕读文化资源的有效保护。调研发现，不少村子已成"空心村"，主要是老人住在村里，年轻人大都迁出去了，以致很多房子年久失修而无人居住。其三，耕读文化旅游景区点多面广，管理难度大。楠溪江国家级风景名胜区总面积625平方千米，景区很大，村民生活环境区和景区混杂在一起，管理难度大。景区中部分群众往往以牺牲文化资源和环境为代价来换取经济利益，包括餐饮、住宿、娱乐等各种经营活动缺乏规划和管理，在一定程度上降低了文化资源的品位和价值。其四，景区基础设施相对落后。景区垃圾处理场、排污系统不完善，造成了一定的环境污染。虽然部分景区内设有法律、法规等警示和宣传栏，但就实地调查看，破坏风景资源、违章建设的现象还时有发生。其五，专业保护人才紧缺。在耕读文化资源的保护和建设中，政府应发挥主体作用，加强文化队伍的培养和建设。特别要充分利用农村人才资源，整合利用农村文化乡土人才，走出专业人才缺乏的困境。目前专业技术人才总体缺乏，从事文化遗产保护工作的人员与耕读文化传承和保护的客观要求存在较大差距。

古民居亟待保护

一 打造品牌：做好耕读文化资源保护利用的总体规划

要做好耕读文化资源保护开发，就要在调查研究的基础上，做好耕读文化资源保护利用的总体规划。应该看到，近年来永嘉在这方面做出了很大的努力，如为了提高村庄规划建设水平、村民建房质量和乡村风貌管控工作水平，2016年温州市人民政府办公室发布了《关于进一步加强村庄规划设计和农房设计工作的意见》；永嘉县人民政府办公室也发布了《关于进一步加强村庄规划编制、农房设计和建设管理工作的意见》。两份文件对加强村庄规划设计和农房设计工作都做了明确要求。在古村落的保护上，文件明确要求"注重保护村庄完整的传统风貌格局、历史环境要素、自然景观等，引导村民慎砍树、禁挖山、不占河湖水域、不拆有保护价值的房屋。历史文化名村的保护利用，应当以抢救保护濒危古建筑、保护古树名木、提高防灾能力等为重点，传统村落要作为历史文化名村的后备资源实施保护，编制传统村落保护发展规划。要保护好具有传统风貌和历史文化价值的保护性建筑，坚决制止保护性建筑的拆除行为，实现保护性建筑的合理利用。对符合历史建筑认定标准的建筑，各地要依法公布为历史建筑，并建立历史建筑保护名录"。这一规定，对于保护古村落，对于耕读文化资源的保护无疑具有重要的意义。总体来看，相对于永嘉耕读文化资源的保护、开发与利用，有关规定和意见还较为原则性，可以考虑在此基础上出台耕读文化资源保护、开发和利用的专项发展规划，将之纳入地区国民经济和社会发展规划。

出台专门规划要注意以下问题。

第一，树立保护先行的理念。要做好耕读文化的保护与开发工作，正确处理"保护"与"开发"之间的关系。耕读文化的保护与开发是相辅相成、相互促进的关系。合理的开发能够带动传统村落的保护工作，保护耕读文化的自然景观风貌和历史文化风貌可以带动耕读文化的开发。当保护与开发存在矛盾时，必须坚持保护先行。在坚持保护先行要求下，要注重对传统村落"传统风貌整体性的保护"。

第二，明确基本原则。一是坚持因地制宜，防止千篇一律。按照因村制宜的要求，以古建筑保有相对集中、自然生态优美、民俗风情独特的村落为重点，研究制定个性化的保护与维修方案，采取原址修缮等保护方式，有序推进各项工作；二是坚持保护优先，禁止过度开发；三是坚持民生为本，反对形式主义，须正确处理保护保全与提高农民群众生活品质之间的关系，既高度重视古建筑的保护，又热切关注民生，合理安排整治项目，科学整治村庄环境，使生活在古建筑中的农民群众同样能享受现代文明的生活。

第三，明确主要任务。一是保护文化遗产。保护村落的传统选址、格局、风貌以及自然和田园景观等整体空间形态与环境。全面保护文物古迹、历史建筑、传统民居等传统建筑，重点修复传统建筑集中连片区。保护古路桥涵垣、古井塘树藤等历史环境要素。保护非物质文化遗产以及与其相关的实物和场所。二是科学整治人居环境。按照"一村一品、一村一韵、一村一景"的要求，根据有关的规划和建设详规，科学整治村庄环境。改善人居环境既是提高村民生活品质的基本条件，也是推动乡村文化休闲旅游业发展的前提。要从保护村落独特的历史风貌出发，选择适当的工艺和当地特色建筑材料，按照景观建设的要求，整治村庄道路、水沟、池塘，建设必要的垃圾收集处理、污水治理设施和公共服务设施。三是有序发展乡村休闲旅游业。把培育历史文化村落的文化休闲旅游项目作为乡村旅游业发展的重点之一，大力改善旅游配套设施，积极培育和发展古村休闲旅游、民间工艺作坊、乡土文化体验、农家农事参与等历史文化休闲旅游产业，打造一批农家乐特色旅游精品村。要避免无序开发，一哄而上，搞低端化、同质化发展。

林坑山村电影（金学川 摄）

第四，完善保护措施。要开展好调查研究，摸清传统村落底数，抓紧将有重要价值的村落列入保护名录。做好村落文化遗产详细调查，按照"一村一档"要求建立古村落档案，实行挂牌保护。同时对于资金投入也应作出相应的规定。为了强化耕读文化资源的保护，可在楠溪江畔下游古村落群之中，恢复并扩建位于永嘉境内的一些文化书院，诸如芙蓉书院、琴山书院、明文书院等。充分利用历史悠久的文化书院资源，鼓励永嘉知名企业参与，建设镇村博物馆、图书馆等。

二 建立健全耕读文化资源保护利用工作机制

文化资源是人类所创造的物质文化、制度文化和精神文化遗产的总和。耕读文化建设离不开有效的制度保证，为此需要建立耕读文化资源保护、开发和利用的相关制度。

第一，建立健全相关组织机构。一是建立统一的领导机构，由党委、政府主要领导挂帅，吸收文化、文物、财政、城建、旅游、广电、教育、科研等部门主要负责人参加，成立专门管理职能部门，统一协调和指导永嘉县内耕读文化资源的普查和保护开发利用工作；聘请有关民俗、考古、文物、艺术等方面的专家学者，对永嘉耕读文化进行普查、抢救和保护的规划审订、人才培训、资源论证、项目评估和业务指导等工作。二是建立专门的永嘉耕读文化保护工作机构。设立专门的永嘉耕读文化科，负责处理永嘉耕读文化抢救、保护和开发的日常工作。三是建立健全永嘉耕读文化研究机构。可以组建永嘉县级耕读文化研究机构，负责永嘉耕读文化的研究及成果推广工作。与相关高校科研机构合作，深化对永嘉耕读文化的研究。如同温州大学建立长期的合作关系，做到资源共享，进一步深化永嘉耕读文化研究，扩大永嘉耕读文化的影响力。

第二，完善组织协调机制。全县上下要把推进耕读文化资源保护、利用和开发作为一项整体工程加以推进，在建立永嘉耕读文化领导机构的同时，要建立健全各个部门横向联系会议制度，制订乡村旅游发展工作目标的同时，抓好责任分解、绩效考核，形成耕读文化发展的合力。

第三，健全耕读文化资源保护的监督机制。为了杜绝破坏和毁坏永嘉耕读文化资源行为和事件的发生，保证永嘉耕读文化保护工作的健康发展，有必要加强监督机制的建设，建立健全监督管理体制和机制，实行依法行政：一是文化主管部门要加大执法力度，对违法、违规而造成自然、文化遗产毁坏、变质或缺失的行为予以坚决查处；二是建设部门要组织专家对新项目建设可能带来的人文环境影响进行科学评估，杜绝因建设新项目而毁坏文化遗产的现象；三是人大和政协部门要建立执法检查制度，对破坏永嘉耕读文化资源的建设项目和行政行为给予及时制止；四是新闻宣传部门要建立舆论监督制度，对毁坏民族民间文化遗产的行为及时曝光；

五是政府部门要建立灵活的信息传导和反馈体系，发现问题，及时纠正，严肃处理。

第四，完善耕读文化建设财政保障机制。主要包括以下方面。一是在财政投入方面，要保证每年文化财政投入的增幅不低于当年财政收入增幅。积极争取上级财政对文化专项的经费支持。加大对文化事业发展、文艺精品创作、社科优秀成果保护、文物保护、非物质文化遗产保护等方面的资金投入。二是设立耕读文化资源保护专项资金。设立永嘉县耕读文化资源保护专项资金，研究制定专项资金支持方向、支持方式和管理办法，并将其纳入文化发展专项资金，列入公共财政经常性支出预算。三是积极吸引企业和社会投资。对一些可能产生经济效益的传统保护项目，主要是一些具备观赏性、可参与性的形态文化样式和具备商品化开发的物态文化样式，政府可制定相应的优惠政策，吸引企业投入资金，参与保护与开发。对于基础建设项目中的某些具备经济开发潜力的单元，可加以科学剥离，让相关企业以参股的形式投资开发，以开辟筹资渠道，筹集更多保护资金。

第五，建立健全人才保障机制。一是要积极培养和引进通晓传统文化、旅游等行业专业知识，懂得市场经济运作的经营型人才和管理型人才，创新永嘉耕读文化资源保护和开发利用的思路与方法，积极开拓永嘉耕读文化资源的商品市场和旅游市场，进一步拓展永嘉耕读文化的生存和发展空间。二是加强对区域内旅游从业者的培养。注重提高永嘉耕读文化旅游业从业者的思想道德水平，使其热爱本职工作，具有强烈的事业心、责任心、进取心和开拓、创新精神，这样才能在工作中勤勤恳恳、实事求是、勇挑重担、勇担风险。三是保证基层公共文化机构的用人编制。按照《永嘉县人民政府关于印发永嘉县文化发展"十三五"规划的通知》，保证乡镇（街道）综合文化中心（站）编制3人以上，行政村和社区至少配备

1名财政补贴的文化管理人员。推广县级文化员下派村（社区）文化管理员制度，以保证基层文化专业人员、管理队伍稳定，保证专职专干，使基础文化设施得到更好的利用，提高基层文化服务水平。

三 提升对耕读文化资源的保护和传承能力

耕读文化资源的保护、开发和利用离不开对耕读文化的传承。应该看到，当前永嘉对耕读文化资源的保护和传承还不理想，新时代要采取多种措施提升对耕读文化资源的保护和传承能力。

第一，继续创建历史文化名镇名村。重视楠溪江流域古镇和古村落的保护、修缮和活化发展，注重保护乡村原始风貌、水乡格局、文化特色和自然生态，能够望得见山、看得见水、记得住乡愁。重点推进芙蓉、苍坡民俗文化村创建工作，重视坑口村、花坦村等古村落的保护，鼓励有条件的镇、村申报国家级或省级历史文化名镇名村。古村落保护要兼顾保护与民生改善。重视名镇名村申报、保护和建设管理的培训工作，提高镇、村干部和基层文物工作人员的文保意识与专业水平。

第二，增加文物保护经费投入，全面强化文物保护力度。抓紧制定文物维修保护利用规划，出台文物保护的制度，明确各单位的责任。同时，加强科技手段在文物保护中的运用，进一步完善三级文物安全保护网络。针对文物偷盗、破坏严重问题，加强文物执法和宣传力度，在人力、物力方面予以保障。推进全国重点文保单位全面修缮保护，切实做好芙蓉村、屿北村文物保护和利用工作，为当地群众带来福祉，推动当地经济社会发展。

第三，打造戏剧"活化石"永昆品牌。在做好永嘉耕读文化传承中重点做好永嘉昆曲、永嘉乱弹、溪下马灯戏等戏曲艺术的传承和发展，让戏曲活起来、传下去、出精品、出名家。充分利用多方面资金渠道，加大对戏曲艺术发展的扶持力度。重点扶持永嘉昆剧团发展，保证剧团有固定的彩排和演出场所。对于基层和民营戏曲团体在购置和更新服装、乐器、灯光、音响等方面给予资金补助。鼓励民间成立各级协会，广泛吸纳社会和外来资金，组建具有一定规模和实力的文化娱乐演出公司，利用各地的演出戏台，使之成为永嘉旅游的重要一环。

第四，恢复并扩建部分文化书院，举办"耕读文化节"。在楠溪江下游古村落群之中，恢复并扩建位于永嘉境内的一些文化书院，诸如芙蓉书院、琴山书院、明文书院等。充分利用历史悠久的文化书院资源，可以办成镇村博物馆、图书馆，鼓励永嘉知名企业参与。每年夏季七八月间举办以"耕读文化节"为主题的夏令营，诵读传统典籍，弘扬中华优秀文化。

第五，积极培养永嘉耕读文化传承人才。民间艺人在祖祖辈辈创造各种民间艺术的过程中，执着地保持着民族本性，他们是民间艺术最直接的"守护神"。由于民间艺术一般是代代相传的激情之作，并不纯粹为了走向市场，这在一定程度上遏制了民间艺术的发展空间，阻碍了民间艺术的有效传承。首先，永嘉县应积极创造条件，利用传统师徒相授、现代学校教育或传统教学和现代教育相结合等方式，尽可能多地培养各类民族民间传统文化的传承人才，以实现对文化项目的活态保护。对一些艺术造诣高、社会声望大的民间艺人，可以通过科学筛选、论证和评审，由政府授予"民间故事家""民歌大王""民间工艺大师"等荣誉称号，以示肯定。其次，培养和吸引永嘉耕读文化研究人才。就目前情况看，永嘉县乃至温州市从事永嘉耕读文化研究的人才还相对缺乏。应通过办培训班、鼓励在职自学和脱产进修等方法，努力培养和扩大永嘉耕读文化研究队伍；另外，还要引进一批永嘉耕读文化研究人才，提高队伍的研究水平。最后，还可以利用课题项目公开招标的形式，积极吸引区域内外有关专业人才为我所用；通过丰富研究人才队伍，拓展对永嘉学派、"永嘉四灵"、永嘉医派、永嘉画派和永嘉弈派的挖掘和研究；推进对瓯窑遗址的保护和利用，加强对瓯瓷设计和烧制工艺的生产性研究和恢复，等等。

四 加大文化旅游宣传力度，提高品牌知名度

永嘉耕读文化历史悠久，内涵深厚，耕读文化与主要景区和名胜古迹天然相连，具有浓厚的文化底蕴和极高的文化旅游开发价值。随着永嘉旅游业向纵深方向发展，耕读文化越来越成为旅游的热点，合理利用耕读文化资源，促进开发旅游，对于了解历史、保护文化、促进发展、加强爱国主义教育都具有重要的现实意义。总的来看，随着这些年的开发，永嘉耕读文化资源的影响力正在不断扩大。但相较于其他旅游资源来说，耕读文化的影响力还有待提升，因此需要进一步加大旅游宣传力度，提高永嘉耕读文化资源的品牌知名度。

第一，在宣传内容上，首先要宣传发展永嘉耕读文化旅游的意义。永嘉耕读文化是我国优秀传统文化的重要组成部分，因其受地方性等因素的制约，人们往往对发展永嘉耕读文化旅游的意义认识不足。大力宣传发展永嘉耕读文化旅游的意义，让人们认识到其对青少年思想道德文化建设的意义，有利于加强和改进新时期爱国主义教育，提高广大青少年对祖国优秀传统文化的认同感。同时，也有利于推动地方经济协调发展，有利于保护和利用当地珍稀的特色文化资源。其次，要宣传永嘉耕读文化的内涵及其时代价值。永嘉耕读文化具有丰富的内涵和巨大的时代价值。在宣传过程中，应重点宣传永嘉先人勤劳敬业、文明友善、好学乐读、立德事功等思想。

第二，在宣传手段上，要充分利用新闻媒介，加大文化旅游宣传力度。尤其要利用电视、网络、报刊等新闻媒介，积极策划多种形式的宣传

活动,如可以考虑推出一部"楠溪故里·耕读人家"的专题纪录片,打响"千年古县·桃源故里"的旅游形象品牌,推动楠溪江旅游业的快速发展。同时,在信息化时代,要加大网上宣传力度。就实践来看,永嘉耕读文化资源丰富,历史文脉源远流长,但是目前相关资料比较分散,建议整合已经出版的"楠溪江文化研究丛书"、楠溪江旅游网等各种资源,创办中国耕读文化网站。也可以通过举办展览、文艺活动等,进一步提升永嘉耕读文化的知名度。当然,在扩大宣传力度的同时,也要广泛深入地反映历史文化村落的特色、价值和不可再生性,广泛深入地宣传历史文化村落保护利用的政策法规和村规民约,及时总结推广历史文化村落保护利用的先进典型。加强舆论监督,对违章建设、违规开发的,对维护监管不力导致历史文化村落严重损毁的,对破坏村落设施和环境的,要给予曝光和问责;情节严重的,要追究法律责任,以此推进耕读文化资源保护与开发相统一。

第三,扩大旅游线路、景点的宣传。地方特色旅游是永嘉耕读文化旅游活动的主要形式,贯穿于永嘉耕读文化旅游运行过程之中。游客对旅游景点、线路的了解程度以及最终是否选择这些景点和线路,在很大程度上取决于这些景点和线路的宣传效果,所以对旅游景点和线路的宣传成为永嘉耕读文化旅游宣传的主要内容之一,同时应宣传各种纪念活动和重大节日庆典活动。永嘉拥有数量众多的各种节日庆典,对这些庆典的宣传效果如何,很大程度上影响到永嘉耕读文化旅游活动的开展。通过宣传重大节日庆典,游客不仅可以直观感受当地的民风民俗,还可以亲自参与其中,与村民们共同感受节日的快乐。

第四,打造一批乡村生态旅游产品。突出现代农业、田园风光、自然景观、采摘农耕、农家特色体验,以农业科普、农耕文化、红色文化、民俗文化、古村文化为主题,建设集农家休闲、生态度假、耕读古建、乡村文化、农业科技、康体运动于一体的乡村生态文化旅游产品，依托现代农业园区、粮食生产功能区，开发果实采摘游、赏花品茶观光、田园生态休闲等旅游产品。

五　加快美丽乡村建设步伐

美丽乡村，是指中国共产党第十六届五中全会关于建设社会主义新农村重大历史任务所提出的"生产发展、生活宽裕、乡风文明、村容整洁、管理民主"等具体要求。党的十八大报告提出："要努力建设美丽中国，实现中华民族永续发展。"第一次提出了"美丽中国"的全新概念，强调必须树立尊重自然、顺应自然、保护自然的生态文明理念，明确提出了包括生态文明建设在内的"五位一体"中国特色社会主义总布局。党的十九大报告再次强调统筹推进中国特色社会主义"五位一体"的总体布局，并强调要"坚定走生产发展、生活富裕、生态良好的文明发展道路，建设美丽中国，为人民创造良好生产生活环境，为全球生态安全做出贡献"。

早在2008年，浙江省安吉县就提出"中国美丽乡村建设"，计划用10年左右时间，将安吉打造成"村村优美、家家创业、处处和谐、人人幸福"的现代化新农村样板，构建全国新农村建设的"安吉模式"。2010年6月，浙江省全面推广安吉经验，浙江成为全国美丽乡村建设的排头兵。

对于永嘉来说，耕读文化资源丰富，自然条件得天独厚。作为"千年古县"，三百里楠溪江畔，具有历史文化价值的古村落就有200余座，理应全面深化美丽乡村建设，创建一批美丽乡村风景线、示范乡镇、特色精品村，把永嘉全县打造成美丽乡村的示范样板，创成省级美丽乡村示范县。

美丽乡村建设要充分发挥农村山水风光秀丽、农耕文化多样、人文底

第十一章 把永嘉打造成为"中国耕读文化之乡"

苍坡村砚池

蕴深厚的优势,树立建设美丽乡村和经营美丽乡村并重的理念。近年来,永嘉在美丽乡村建设上采取了多项举措。2013年制定了《永嘉县域美丽乡村建设总体规划》。之后,为了推进美丽乡村建设又发布了一系列制度,如2016年发布的《全县美丽乡村示范县创建攻坚月行动实施方案(试行)》。2016年,大若岩、岩头两镇入围第一批浙江省美丽乡村示范乡镇,岩头镇下日川村、岩坦镇黄南林坑村、沙头镇豫章村、大若岩镇埭头村和大元下村共5个村入选省美丽乡村特色精品村。从当前情况来看,加快美丽乡村建设步伐应努力做到以下几点。

第一,全面整治农村生态环境。按照"绝不把违法建筑、污泥浊水和脏乱差环境带入全面小康"的要求,全面优化农村生活环境,不断提高人民群众对生态环境的满意度。一是定期开展清洁乡村活动,确保村庄人居环境整洁优美;二是大力推进农村生活垃圾分类处理,围绕"最大限度减少垃圾处置量,实现垃圾循环资源化利用"的总体目标,改变农村生活垃圾传统处理方式,通过分类收集、减量处理、资源利用,减少垃圾处理量、降低处理成本,提升农村生态环境质量;三是开展小城镇环境综合整治工作，加强规划设计引领，治理改造危旧房，整治乡镇环境卫生，整治城镇秩序，整治乡容镇貌，使小城镇成为人们向往的幸福家园；四是全面剿灭劣V类水，以保障人民群众身体健康为出发点，以提高水环境质量为核心，以河长制为抓手，按照"分类施策，精准发力"的工作思路，全面推进沿河大拆大整、截污纳管、河塘湖库清淤、工业整治、农业农村面源治理、排污口整治、生态配水与修复七大措施，严格环境执法监管，持续改善水环境质量。

第二，全面彰显永嘉特色风貌。一是升级打造美丽乡村精品线。把沿线的山水生态、人文历史等资源相结合，让游客充分领略"山水灵韵"的永嘉风光。二是围绕打造美丽乡村"升级版"，加快建成一批精品村、示范镇、风景线，确保创成省级美丽乡村示范县。更加注重乡村"布局美"，按照"一村一品""一村一韵"的理念，精心做好村庄规划和村庄设计，努力打造一批具有永嘉地域特色的楠溪村居。三是大力推进历史文化村落保护，按照"保护为主、抢救第一、合理利用、加强管理"的方针和"修复优雅传统建筑、弘扬悠久传统文化、打造优美人居环境、营造悠闲生活方式"的要求，进一步加强在规划修编、建筑保护、文化传承、设施完善、组织领导等方面的探索实践。

第三，全面丰富乡村新型业态。大力发展现代农业，坚持把科技作为促进现代农业发展的根本力量，进一步加大科技协同创新力度，增加农民收入、优化农业产业结构。同时要以产业化为载体，支撑美丽乡村建设。在现有农业产业基础上进一步完善，尽可能扩大覆盖面，以精品农业和景观农业美化、丰满精品线路。对上规模的农业产业基地予以立项支持，完善基础设施，提升形象，开展采摘、休闲观光农业开发；对分散田地进行整村打包，引入现代农业企业进行经营，在提高农业效益的基础上形成视觉美化；对沿线两侧农家乐和民宿进行环境管理和外部形象的提升，以更好地服务于美丽乡村创建。

具体举措请看以下新闻报道。

永嘉今年预算投入30亿元，高标准打造美丽乡村升级版[①]

今年，我县坚持"规划、建设、管理、经营"并重，按照"重点培育、全面提升、争创示范"的要求，以全域旅游示范县创建、"大拆大整"专项行动为抓手，全面深化美丽乡村建设，创建一批美丽乡村风景线、示范乡镇、特色精品村，打造永嘉县美丽乡村示范样板，争取创成省级美丽乡村示范县。

高标准打造美丽乡村升级版

坚持统一招标、统一设计、统一建设，通过竞争性谈判的方式确定国际高端策划团队泛联尼塔生态环境股份有限公司为美丽乡村精品线设计单位，高标准设计，高质量建设。记者了解到，目前我县5条精品线全部完成设计，2条精品线开工建设，大若岩大东村至大若村精品线已基本完成。

全面优化城乡空间布局

今年，我县将更加注重乡村"布局美"，按照"一村一品""一村一韵"的理念，坚持全域联动发展、城乡一体发展，突出美丽乡村特色精品村、精品线建设，编制完善村庄布局规划和美丽乡村建设规

[①] 《永嘉今年预算投入30亿元，高标准打造美丽乡村升级版》，搜狐新闻网，http://www.sohu.com/a/135739758_677528。

划，系统前瞻谋划规划支撑、业态支撑、项目支撑、要素支撑，加快形成"一带两城五组团"城乡空间布局，努力打造一批具有永嘉地域特色的楠溪村居，全面优化空间布局。

乡村新貌

记者了解到，为强化资金保障，今年全县预算投入美丽乡村建设资金30亿元，其中仅历史文化村落保护、美丽乡村特色精品村和风景线创建、农村生活垃圾分类处理建设和运维资金投入就高达1.52亿元。同时，我县还将创新实施"百名干部进百村解百难"活动，选派100名优秀年轻干部"进村赶考"，担任村党支部第一书记，助力美丽乡村建设。

全面提升农村生态环境

围绕"最大限度减少垃圾处置量，实现垃圾循环资源化利用"的总体目标，今年，我县将完成20个农村生活垃圾减量化、资源化处理试点村，实现全县所有建制村农村生活垃圾分类处理基本全覆盖。同时，大力推进农村生活污水治理。按照省市要求，今年计划对11个村进行招标改造，新增受益户2215户，计划投资1300万元。目前，11个工程均已在开展项目设计和前期政策处理工作，预计4月完成工程设计，6月全面开工建设，10月基本完成工程建设。

六　发挥耕读文化资源的育人功能

耕读文化资源本身具有非常重要的育人功能，尤其是其所蕴含的勤劳俭朴的美德化育、知书达理的道德规劝、和衷共济的氛围营造等丰富的传统道德及其价值观念，不仅成为完善个人道德的基础，而且成为人们协调家庭关系、社会关系的指导规范。

高校思想政治理论课教育教学的目的在于引导大学生树立正确的世界观、人生观和价值观，成为中国特色社会主义事业的合格建设者和接班人。但是，当前高校思想政治理论课远未摆脱学生不喜欢、社会不重视的困局，距离学生真心喜爱、终身受益仍有很大差距。尤其在市场经济快速发展的今天，学生的兴趣、爱好有着很大的不同，而且不同专业同学对思想政治理论课的要求也表现出很大差异，单一的课堂理论教学很难满足学生的要求。因此，要把思想政治理论课办成学生真心喜爱、终身受益的精品课程，就需要在立足课堂教学的基础上，着力探索实践教学与理论教学相辅相成、相互促进的课程体系，构建一种融教育性、创造性、实践性为一体的，以学生主体实践活动为主要形式的教学模式，实现"寓教于行"和"实践育人"的教育目标。

因此，在当前思想政治理论课教育教学的改革探索中，可结合丰富的耕读文化资源，积极探索进行思想政治教育的新途径。

首先，要加强对永嘉耕读文化资源所蕴含的教育价值的研究。耕读文化内生于我国封建传统文化，其中必然有与当今时代所不兼容的不合理成分，必须将之剔除。同时对永嘉耕读文化资源中的合理成分，应赋予其崭新的时代内涵，如把那种极端的、以单方面绝对服从为基础的旧式"孝道"转化为以相互理解、相互尊重为本质的新式"孝道"；从"礼"的观念中剔除等级、名分等封建成分，使之转化为人与人之间的真诚相待、文明礼貌；从"耻"的观念中去掉虚伪的、不正常的"面子"意识及落后于时代的"耻言利"思想，代之以社会主义的道德观、荣辱观，如此等等。当前研究永嘉耕读文化及其资源的，主要是温州籍学者。耕读文化研究是一项长期工作，应利用和整合更加广泛的社会力量，进一步提高研究水平，增强保护和利用的自觉性，加快推进永嘉耕读文化资源融入大学生思想政治教育中。

其次，应建立思想政治理论教育教学实践基地，引导青年学生接受耕读文化教育。鉴于思想政治理论教育的独特性，实践基地对于增强大学生思想政治理论教育的实效性具有不可替代的重要作用。结合永嘉耕读文化资源，针对不同的主题内容、教育价值和地理位置，有选择性地建立较为稳定的实践教学基地，可为思想政治理论教育走出课堂、走出校门提供长期、稳定的教育场所。比如，可借助古代书院诵读和了解传统文化经典，借助家风族规等开展孝文化及法治文化教育，借助田园农场开展劳动教育、创业教育等，从而拓展并增强思想政治理论教育的实效性。

最后，高校应将耕读文化教育纳入教学计划，定期组织学生开展相应的实践教育。有了稳定的实践基地，高校即可制订相应的教学计划，建立实践教学制度，丰富实践教学形式。当然，还需要得到高校领导的大力支持，在经费及安全等方面给予保证。

参 考 文 献

中共中央文献编辑委员会:《邓小平文选》(第3卷),人民出版社1993年版。

习近平:《之江新语》,浙江人民出版社2007年版。

习近平:《关于〈中共中央关于全面深化改革若干重大问题的决定〉的说明》,《人民日报》2013年11月16日。

《习近平谈治国理政》,外文出版社2014年版。

《习近平谈治国理政》(第二卷),外文出版社2017年版。

习近平:《决胜全面建成小康社会 夺取新时代中国特色社会主义伟大胜利——在中国共产党第十九次全国代表大会上的报告》,人民出版社2017年版。

李琬修,齐召南、注沆纂:《乾隆温州府志》,上海书店出版社1993年版。

陈安金、王宇:《永嘉学派与温州区域文化崛起研究》,人民出版社2008年版。

陈碧云:《农村破产与农村妇女》,《东方杂志》1935年第32卷第5期。

陈凡:《宝山农村的副业》,《东方杂志》1935年第32卷第18期。

陈傅良：《陈傅良先生文集》，浙江大学出版社1999年版。

陈丽霞：《历史视野下的温州人地关系研究（960—1840）》，浙江大学出版社2011年版。

陈明华：《清中后期宾兴款的设置与下层士绅权力的扩张——以温州为例》，《华东师范大学学报》（人文社会科学版）2016年第4期。

陈虬：《温郡捐变文成会议》，《陈虬集》，浙江人民出版社1992年版。

方立明：《义与利的自觉——温商伦理研究》，上海三联书店2014年版。

费孝通：《江村经济》，北京大学出版社2012年版。

费孝通：《乡土中国》，生活·读书·新知三联书店1985年版。

冯骥才：《传统村落的困境与出路——兼谈传统村落类文化遗产》，《人民日报》2012年7月12日。

何白：《何白集》，上海社会科学院出版社2006年版。

洪振宁：《宋元明清温州文化编年纪事》，浙江人民出版社2009年版。

黄宗羲著，全祖望修补：《宋元学案·水心学案》，中华书局1986年版。

李伯重：《从"夫妇并作"到"男耕女织"》，《中国经济史研究》1996年第3期。

李伯重：《理论、方法、发展趋势：中国经济史研究新探》，清华大学出版社2002年版。

李立：《乡村聚落：形态、类型与演变——以江南地区为例》，东南大学出版社2007年版。

李培林：《村落的终结：羊城村的故事》，商务印书馆2004年版。

李心传：《建炎以来系年要录》，上海古籍出版社1992年版。

林亦修：《温州族群与区域文化研究》，上海三联书店2009年版。

林语堂：《中国人的智慧生活》，陕西师范大学出版社2007年版。

彭明、程啸主编：《近代中国的思想历程（1840—1949）》，中国人民大学出版社 1999 年版。

孙邦金：《晚清温州儒家文化与地方社会》，人民出版社 2017 年版。

孙锵鸣：《孙锵鸣集》，上海社会科学院出版社 2006 年版。

谭其骧：《长水集》，人民出版社 1987 年版。

王加华：《被结构的时间：农事节律与传统中国乡村民众年度时间生活——以江南地区为中心的研究》，上海古籍出版社 2015 年版。

王露：《村落共同体——文化自觉视野中的古村落文化遗产保护》，《光明日报》2015 年 6 月 1 日。

王小明、沈智毅：《永嘉耕读文化的发展脉络与积淀内涵》，《浙江工贸技术学院学报》2011 年第 3 期。

吴松弟、刘杰主编：《浙江泰顺历史文化的国际考察与研究》，齐鲁书社 2009 年版。

谢小蓉：《国内外农业多功能性研究文献综述》，《广东农业科学》2011 年第 21 期。

杨联升：《国史探微》，新星出版社 2005 年版。

叶适：《叶适集》，中华书局 2010 年版。

尹璐、罗德胤：《试论农业因素在传统村落形成中的作用》，《南方建筑》2010 年第 6 期。

俞光编：《温州古代经济史料汇编》，上海社会科学院出版社 2005 年版。

张继定、徐耘天主编：《永嘉历代文选》，线装书局 2016 年版。

张剑峰主编：《问道田园耕读》，陕西师范大学出版社 2015 年版。

张如元：《鹤阳谢氏家集考实》，浙江大学出版社 2015 年版。

张宪文：《清代温州东山、中山书院史事考录》，《温州师范学院学报》1985 年第 1 期。

郑秋文、胡方松主编：《魅力永嘉》，中央文献出版社 2011 年版。

周军：《中国现代化与乡村文化重构》，中国社会科学出版社 2012 年版。

朱启臻等：《留住美丽乡村——乡村存在的价值》，北京大学出版社 2014 年版。

张剑峰主编：《问道·田园耕读》，陕西师范大学出版社 2015 年版。

周梦江：《叶适与永嘉学派》，浙江古籍出版社 2005 年版。

徐崇统主编：《耕读楠溪》，浙江大学出版社 2005 年版。

郑秋文、胡方松主编：《魅力永嘉》，中央文献出版社 2011 年版。

［法］H.孟德拉斯：《农民的终结》，李培林译，中国社会科学出版社 1991 年版。

［法］路易·加迪：《文化与时间》，郑乐平、胡建军译，浙江人民出版社 1998 年版。

［美］顾德曼：《家乡、城市和国家——上海的地缘网络与认同，1853—1937》，宋钻友译，上海古籍出版社 2004 年版。

［美］施坚雅：《中国农村的市场和社会结构》，史建云、徐秀丽译，中国社会科学出版社 1998 年版。

后　　记

"永嘉耕读文化资源的保护和利用"这项课题，最初动议源于2014年课题组为推进温州大学思想政治理论课实践教学改革，在温州地区探寻、论证现场教学基地的调研和走访。在就近确定了温州博物馆、温州永昌堡、孙诒让纪念馆、温州革命烈士纪念馆等基地的同时，我们将目光投向了离学校稍远一点的永嘉县。永嘉县或曰地区拥有丰厚而神奇的历史文化资源，不仅为中华优秀传统文化宝库增添了独具特色的事功学说，在多灾多难、纷繁复杂的中国近现代史上也留下了丰富的革命历史文化，中华人民共和国成立数十年来在促进经济社会发展的探索中也积累了大量改革发展创新的社会主义先进文化。这些资源对于公民，特别是对于青年学生开展思想政治教育具有显而易见的意义和价值。幸运的是，我们的想法很快得到了中共永嘉县委宣传部领导的大力支持，他们不仅热情参与了大学生思想政治教育实践教学基地的研讨和论证，还为我们提供了大量的宝贵资料。

在调研走访、查阅资料和沟通交流的基础上，我们选择了"永嘉耕读文化资源的保护和利用"这个题目，并完成了课题论证和研究计划。永嘉县委宣传部领导会同有关部门的领导和专家经讨论同意立项支持。2016年立项时的计划是在一年左右完成课题研究，出版专著一部。但是，在接触大量资料之后，我们越来越发现问题没那么简单，加上当时课题组的几位老师手头各有一项国家社会科学基金项目亟须完成，这样该课题的研究就被拖了下来，直到 2017 年年底才基本完稿。在现场调研、资料采集、提纲设计、书稿写作和修改过程中，许多老师、同学和朋友都付出了大量时间和精力。其中，蒯正明老师主要负责书稿第七章、第八章、第九章、第十章和第十一章的撰写；孙邦金老师主要负责第一章、第二章、第三章、第四章、第五章和第六章的写作；孙武安老师主要负责书稿提纲的设计、前言及全书的修改和统筹；书稿中的精美图片大多由永嘉县委宣传部提供。2013 级研究生夏邦水同学在课题研究中不仅调研、收集资料，还完成了一篇题为"永嘉耕读文化资源融入大学生思想政治教育研究"的硕士学位论文（3 万余字），2016 年在《城乡社会观察》集刊发表了一篇题为"永嘉耕读文化的表现形态及其价值表达研究"的论文。此外，研究生任秀娟、吕泰有、杨瑞平、边春慧等同学也积极参加了社会调查，为课题研究、书稿校对等做了许多基础性工作。

　　课题组的老师和同学大多来自外省，对温州及永嘉的历史文化了解有限。为此，我们在动员大家扩大阅读量的同时，还邀请了温州市社科联前主席、温州历史文化研究首席专家洪振宁先生来校，为大家作专题报告，并就课题研究中的相关问题进行了深入交流。

　　总之，书稿的完成是多方面共同努力的结果。这里我们首先向永嘉县委宣传部的各位领导表示最诚挚的敬意和谢意！没有他们的理解、关心和支持，就没有这个选题，更没有书稿的完成。并且需要说明的是，本书对永嘉耕读文化介绍、对永嘉耕文化建设现阶段采取的一些举措、规划的了解也都离不开永嘉县委宣传部提供的各种资料或中国永嘉公务网上提供的信息。其次，我们要感谢温州市社科联洪振宁先生的细心指导和支持，他

后　记

为课题的设计、书稿的完成提出了很多宝贵意见。再次，还要感谢课题组各位老师和同学的无私奉献，团队是课题立项、启动的根本条件，也是课题研究和完成的根本动力。最后，还要向中国社会科学出版社的各位编辑及温州大学社科处的有关领导和老师表示衷心的感谢！

最后还须指出，虽然课题组付出了很大的努力，希望高质量地完成这部书稿，但限于学识水平、时间和精力，书中疏漏之处在所难免，恳请同行专家和各位读者朋友不吝指正。

课题组于温州大罗山脚下
2018 年 9 月